나는 괜찮은데
그들은 내가 아프다고 한다

JIBUN NO "IJOUSEI" NI KIZUKANAI HITO TACHI
© MASAKI NISHIDA 2016

Originally published in Japan in 2016 by SOSHISHA CO.,LTD, TOKYO,
Korean translation rights arranged with SOSHISHA CO.,LTD, TOKYO,
through TOHAN CORPORATION, TOKYO, and Shinwon Agency Co., SEOUL.

나는 괜찮은데
그들은 내가 아프다고 한다

니시다 마사키 지음
김지윤 옮김

행성B

# 정상과 이상의 경계선

먼저 독자 여러분께 묻고 싶다.

"당신은 자신이 정상이라고 생각하는가?"

만약 내가 이 질문을 받는다면 곧바로 '그렇다'고 대답하진 못할 것 같다. 내 사고방식이나 어떤 사건을 향한 내 감정이 이상하다고 생각하는 사람도 있을 테니 말이다.

사람은 저마다 다르기 때문에 '이상異常'을 정의하기란 여간 어려운 일이 아니다. 어떤 이상은 호의적인 눈으로 보면 개성으로 받아들여질 수도 있다. 예를 들어 '신중하지 못하다'는 '(말만 많은 것이 아니라) 추진력이 있다'고 바꿔 말할 수 있다. 주위 사람들이 봤을 때 이처럼 해석을 달리할 여지가 있다면 어떤 이를 두고 함부로 이상하다고 평가해서는 안 될 것이다.

하지만 이 책에 등장하는 몇몇 인물처럼 100명 중 거의 모든 사람이 '이상하다'고 판단할 수밖에 없는 경우도 있다. 일례로

중증 우울증 환자는 '나는 가난에 허덕이고 있다'는 망상에 빠지기도 한다. 실제로는 당장 쓸 수 있는 현금을 비롯해 자산이 충분한데도 말이다. 눈앞에 통장 잔고를 보여줘도 "나는 곧 파산할 거야", "이 서류는 날조된 것이 틀림없어" 하면서 자기 망상만 믿고 고집을 꺾으려 하지 않는다. 이는 정상의 영역을 벗어났다고 판정할 수밖에 없는 사례다.

이처럼 정상과 이상을 판가름하기 어려운 이유는 사람의 마음은 '0이냐 100이냐'로 명확하게 나눌 수 없기 때문이다. 정상도 아니고 이상도 아닌 그 중간쯤에 해당하는 상태도 의외로 많지만 그런 상태를 일기예보의 강수 확률처럼 '이상일 확률 40퍼센트'라는 식으로 수치화할 수는 없다.

가혹한 환경은 정상이었던 사람을 비정상으로 바꿀 뿐 아니라 무엇이 이상한지를 판단하는 기준까지 뒤흔든다. 나치의 강제수용소에서 기적적으로 살아 돌아온 유대인 정신과 의사 빅터 프랭클Viktor Frankl이 쓴 《죽음의 수용소에서Man's Search for Meaning》라는 책에서도 그 예를 찾아볼 수 있다.

이상한 상황에서는 이상한 반응을 나타내는 것이 정상이다. 정신의학자의 입장에서도 인간은 정상일수록, 정신병원에 수용되는 등의 비정상적인 상황에 놓이면 이상한 반응을 나타내리라는 사실을 충분히 예측할 수 있다.

나치 수용소 같은 가혹한 환경은 아닐지라도 이상과 정상을 구별해야 할 때 우리는 철학적인 사색에 잠기게 된다. 타인이 본 나와 내가 본 나의 차이도 정상과 이상을 논할 때 반드시 등장하는 논쟁거리다. 자신은 스스로 이상하다고 생각하는데 타인은 정상으로 보는 경우가 있는가 하면, 그 반대인 경우도 있다. 사회적으로 문제가 되는 것은 후자, 즉 자신이 정상이라고 생각하지만 타인이 봤을 때는 이상한 경우다.

이처럼 '자신의 이상을 스스로 깨닫지 못하고 있을 때'가 가장 큰 문제다. "너는 무슨 일이 있으면 금방 감정적으로 나오는구나?"라는 말에 욱한다면 약간은 자각이 있다고 볼 수 있다. 하지만 타인에게 지적을 받고도 도통 무슨 영문인지 이해하지 못하거나 욱하는 것을 넘어 전혀 반성 없이 그 말을 거부하고 격노하기까지 한다면 비정상의 범위에 들어간다고 생각해야 한다.

정신의학 분야에서는 오랜 세월 동안 이 문제를 놓고 씨름해왔다. 자신이 병적인 상태인지 아닌지를 판단하는 통찰력을 '병식病識'이라고 부르는데, 이 말은 주로 조현병의 특징을 나타내는 전문용어로 사용되어왔다. 《현대정신의학사전》에서는 병식을 '정신질환자가 자신의 병에 대해 가지는 올바른 인식'이라고 정의한다. 그런데 이 '병식'이라는 개념을 조현병에만 국한하는 것은 지나치게 시야를 좁히는 일이기도 하다. 하지만 그렇다고 해서 회사 등 자기 주위에 있는 '조금 특이한 사람'에게까지 '병식이 없다'고 말하며 그 범위를 넓힌다면 확대해석이 되고 말 것이다. 그만큼 경계를 정하기 까다롭기 때문에 '병식'의 문제를 다루려면 전문가로부터의 비판도 각오하지 않으면 안 된다.

그 비판에 내가 견딜 수 있을지 여러분이 판단해볼 수 있도록 여기서 간단히 내 소개를 해보겠다.

나는 올해(2020년) 정신과 의사가 된 지 정확히 24년이 되었다. 유학 등 연구 기간을 제외하고, 오롯이 임상에 몸담아 온 시간도 20년이 넘었다고 할 수 있다. 젊은 시절에는 살인이나 상해, 방화 등 범법 행위를 저지른 정신장애인이 강제 입원을 하는 국공립병원에서 훈련을 받았고, 최근 10년 정도는 대학병원에서 고도의 치료를 필요로 하는 난치 환자의 진료를 담당해왔다.

내가 만난 환자 중에는 "나는 정신병 따위에 걸리지 않았어", "당신의 치료는 인권침해야"라고 주장하며 환각과 망상에 사로잡혀서 내게 욕을 퍼붓는 사람이 있는가 하면 "저는 중병에 걸렸어요", "바로 입원시켜 주세요"라며 아픈 것도 아닌데 병을 고쳐 달라고 하는 사람도 있었다. 또한 환자를 위해서 건네는 나의 의견이나 조언을 듣기는커녕 완강히 거부하고 오히려 호통을 치는 사람도 수없이 많이 겪어봤다.

솔직히 말해서 혹독하고 힘든 임상 경험이었는데, 이렇게 다양한 환자를 대하면서 언젠가부터 나와 내 주변 사람들은 과연 '정신적으로 정상일까' 하는 의문이 생겼다.

지금까지 함께 일한 정신과 의사들을 떠올려봐도 '이 사람은 독특한 차원을 넘어서 좀 이상한 게 아닌가?' 싶은 사람이 꽤 있었다. 실제로 정신과 의사 중에는 특이한 사람이 많아서 우리끼리도 같이 일하는 동료 의사의 이름을 언급하며 '그 사람은 병식이 없다'는 말을 하기도 한다. 정신과 의사가 된 이유는 저마다 다를 것이다. 애초에 성격이 특이하기 때문에 정신과를 고른 사람도 있고, 내과나 외과 등 힘들다고 알려진 진료과를 감당할 자신이 없어서 정신과를 택한 사람도 있다. 이 일을 하다 보면 솔직히 스스로 정상이라는 자신감이 서서히 떨어진다. 어쩌면 '나는 괜찮은 걸까?' 하는 동요가 이 책을 집필하는 가장 강력한 동기가 되었을지도 모른다.

서점에서 책을 훑어보면 정신과에 갈 정도는 아니지만 인간관계에서 비롯된 갈등 때문에 고민하는 이들에게 초점을 맞춘 책을 자주 보게 된다. 그런데 그런 책들과 달리 이 책에서 다루는 이들은 대부분 정신과 치료가 필요한 사람들이다. 따라서 내용이 어쩔 수 없이 무거운 부분에 대해서는 미리 양해를 구하고 싶다. 또한 '이 사람을 이상하다고 판단해도 될까' 하는 질문에 정확한 답을 내놓기 어려워서 의사를 고민에 빠트리게 하는 환자도 다루려고 한다.

이 책의 주요 무대는 대학병원이다. 대학병원의 의사가 어떤 일을 하는지는 사실 세상에 알려지지 않은 부분이 많다. 일반적으로 정신의학에 관한 책을 쓰는 의사는 선진적인 치료와 연구, 의대생 지도와 같은 대학병원에서의 경력이 부족한 경우가 많다. 비록 대학병원이 안 좋은 일로 뉴스에 자주 오르내리긴 하지만 의학적 연구와 교육을 이끌고 있다는 것만은 분명한 사실이다. 이 책에서는 대학병원에서 일하는 사람들의 복잡한 인간관계와 문제점도 언급한다.

마지막으로 가장 강조하고 싶은 부분은 이 책에서 소개하는 환자에 대한 세부 사항은 가공한 것이라는 사실이다. 정신의학도 자연과학에 속하며 진정성과 정확성을 토대로 하지만, 이 책에서는 사실에 집착해서 불필요한 세부 사항까지 기술하기보다는 개인의 프라이버시를 지키는 것을 우선으로 했다. 자신의 병에 대한 에피소드가 책에 실려서 기분이 좋을 사람은 없을 테니 말이다. 따라서 비밀 엄수의 의무를 무엇보다도 중요하게 생각했다는 점을 분명히 밝혀두고자 한다. 병례의 세부적인 부분에는 많은 수정을 가했지만, 적어도 내 판단으로는 문제의 본질에서 크게 벗어나진 않았다고 생각한다.

캘리포니아주 팰로앨토에서

의학박사 니시다 마사키

## 목차

들어가며 정상과 이상의 경계선 •4

—

제1장 ——— 지나친 피해망상

고향에서 들려온 불안한 소식 •17

카레 냄새로 괴롭힌다고? •19

변해버린 엄마와 친정집 •21

드디어 정신과를 찾다 •25

불면증 치료를 가장하다 •30

또 하나의 병마 •34

제2장 ——— 자신의 이상을 인식하는
병식이란 무엇인가

자신의 이상을 인식하는 병식 •43

병식의 계보학 •45

현대 정신의학은 병식을 경시한다 •48

조현병에 대한 질병 의식 •51

망상과 현실의 이중 세계 •54

제3장 ──────  불안에 사로잡힌
사람의 병적인 심리

잘나가는 국가공무원이 저지른 실수 •59
사소한 실수가 동기가 된 자살 미수 •61
구급 병동에서의 문답 •65
원치 않는 정신과 입원 결정 •70
우울증 3대 망상과 잃어버린 병식 •73
건강한 척 위장하는 질환 은폐의 심리 •75
항우울증 약 투약기 •77


제4장 ──────  스스로 대단하다고 느끼는
비정상적인 하이텐션

케이스 콘퍼런스에 등장한 새로운 환자 •85
불편한 병동 생활 •88
파란만장한 인생 •90
갑작스러운 자살 의사 표명 •96
자살은 이성적인 판단인가 •101
약을 과감하게 끊다 •104
간과하기 쉬운 양극성장애 •105

제5장 ——— 왜 남에게 상처를 주고도
아픔을 느끼지 못할까

입원을 의뢰하다 • 113

갑작스러운 입원 연기 • 116

뒤늦은 첫 대면 • 119

의사에게 하는 설교 • 122

붕괴된 가족 • 124

타인을 향한 끝없는 비난 • 126

화장실의 담배꽁초 • 129

강제 퇴원 • 132

교묘한 자기 정당화로 피해자 되기 • 136


제6장 ——— 사람들을 위협하고
공격하는 치매도 있다?

외래 진료실에서의 대소동 1 • 145

외래 진료실에서의 대소동 2 • 148

일시적인 수습 • 151

뇌졸중? 탈수? • 154

지나치게 규칙적인 생활 • 157

둘만의 케이스 콘퍼런스 • 162

병원에서 일어난 두 번째 갈등 • 166

다른 병원으로의 이동 • 168

궁지에 몰린 노인들 • 170

제7장 ——— 악의 없이 이상한 사람

나는 발달장애일까? • 177
독특한 사고와 행동 경향 • 179
심리검사를 해봤지만 • 184
본인에게 어떻게 전할 것인가 • 188
어디까지가 개성인가 • 193
현대사회와 아스퍼거적 특성 • 196


제8장 ——— '죽고 싶다'는 말은
농담인가, 진담인가

당직 의사를 울리는 단골 전화 • 203
주치의의 고뇌 • 207
응급실에서의 안하무인격 태도 • 210
박복한 가정환경 • 212
부성의 결여와 모성의 과잉 • 219
예상치 못한 결말 • 221
극진한 의료 시스템의 함정 • 224


–
마치며 앞으로의 과제 • 228
후기 • 233

# 1장

# 지나친
# 피해망상

## 고향에서 들려온 불안한 소식

쇼코는 고향에 있는 외삼촌에게서 몇 년 만에 전화를 받았다. 결혼해서 상경한 뒤 얼마간은 아이 얼굴도 비출 겸 명절마다 고향에 내려가곤 했다. 하지만 아이가 자라고 남편이 박봉에 야근이 잦은 자회사로 인사이동을 하면서 친정을 찾는 일이 자연스레 줄어들었다.

쇼코는 세상 돌아가는 이야기를 하면서 어색하게 운을 떼는 외삼촌이 껄끄러운 소식을 전하기 위해 말을 돌리고 있다는 사실을 금방 눈치챌 수 있었다.

"실은 말이야……. 누나, 아니 너희 엄마 일로 전화했어."

쇼코 엄마는 올해로 56세다. 2년 전에 아빠가 뇌경색으로 돌아가시고 지금은 혼자가 되었다. 결혼 후에는 집에서 살림만 했는데 사교적인 성격이라 지역주민 활동에도 바지런히 참가하곤 했다. 아빠가 돌아가시고 기운이 없어 보이긴 했지만, 동네 친구와 신사에 다녀왔다는 얘기를 전화로 들은 터라 '기운을 조금 되찾았나 보다' 하고 한시름 놓은 후였다.

외삼촌은 난감해하며 엄마의 현재 상태를 전했다.

"이웃에서 항의가 들어왔어. 요전에 경찰까지 출동할 정도로 소란을 피웠거든."

그 이야기를 들으니 두 달 전쯤 엄마가 전화로 이상한 말을 했던 기억이 떠올랐다. '이웃에서 카레라이스를 만드는 게 유행한다'는 것이다.

"듣자 하니 동네 사람들이 서로 짜고 다 같이 카레를 만든다는 거야. 어쩌다 한 번이면 모를까 매일 삼시 세끼 그러는데 자기를 괴롭히려는 게 틀림없다면서 노발대발하더라고. 그것 때문에 화가 머리끝까지 나서 경찰서에 쳐들어간 일도 있다니까?"

상식적으로 생각했을 때 이웃 주민 모두가 매끼 카레를 만든다고 생각하기는 어렵다. 외삼촌도 당혹스러운 말투였는데, 쇼코는 그 이상으로 당황해서 외삼촌이 당최 무슨 말을 하는 건지, 지금 진짜로 전화 통화를 하고 있는 게 맞는 건지 의심이 될 정도였다.

"엄마 상태를 살피러 한번 내려오지 않을래?"

쇼코는 가끔 엄마와 통화를 했기 때문에 치매가 시작되었다고는 도저히 믿을 수 없었다. 그렇지만 친정집 주변은 아무리 생각해도 인도 사람은 보기 힘든 지방 도시, 그것도 교외의 주택가였다.

"알았어요. 일단 전화라도 한번 해볼게요. 그리고 한동안 못 갔으니까 최대한 빨리 얼굴 보러 내려갈게요."

엄마는 취미로 전통무용과 꽃꽂이를 할 정도니 당연히 나이가 들어도 몸과 마음이 건강할 거라고 생각했다. 차라리 아빠처럼 뇌경색이라면 이해할 수 있다. 하지만 치매에 걸리기에는 아직 한창 젊지 않은가? 외삼촌에게 전해 들은 이야기를 자기 상식으로 도저히 받아들일 수 없었던 쇼코는 불안감에 휩싸였다. 하지만 곧바로 '외삼촌이 뭔가 잘못 알았겠지', '어쩌다 우연히 그런 일이 있었던 걸지도 몰라' 하며 생각을 고쳐먹고, 그날 저녁 바로 엄마에게 전화를 걸어보기로 했다.


## 카레 냄새로 괴롭힌다고?

엄마는 저녁 식사를 늦게 하는 편이었기 때문에 초저녁 무렵에 전화를 걸었다. 전화를 거는 횟수도 전보다는 줄었지만 그래도 두세 달에 한 번씩 통화를 해왔던 터라 외삼촌의 말을 도저히 믿을 수 없었다.

엄마는 금방 전화를 받았다.

"어머, 오랜만이네?"

말투는 평소 그대로였다. 역시 외삼촌이 잘못 알았던 것 같다.

쇼코는 요즘 아들이 동아리 활동에 빠지더니 대화 상대도 안 해줘서 쓸쓸하다는 둥 남편 회사는 언제 어떻게 될지 모르겠다는 둥 늘 하던 대로 푸념을 늘어놓았다. 엄마도 "애들이 다 그렇지 뭐", "아직도 불경기인가 보구나" 하며 평소와 다름없는 반응이었다.

쇼코는 엄마에게 뭔가 물어보는 일이 드물었는데 오늘은 은근슬쩍 이웃에 관해서 물었다. 친정집은 앞쪽으로는 길이 나 있고, 뒤쪽은 공터라 양옆으로만 집이 두 채 있다.

"그게 있잖니……."

엄마는 일단 목소리가 한 톤 낮아지는가 싶더니 단숨에 이야기를 쏟아냈다.

"1년 전에 옆집 살던 야마모토 씨가 요양원에 들어가서 대신 친척으로 보이는 젊은 사람이 살고 있거든? 그런데 그 사람이 매일 카레를 만들어대는 통에 아주 죽겠어. 게다가 환기팬을 있는 대로 돌려서 우리 집에 카레 냄새가 넘어오게 하는 거야. 온종일 그러는데 정말 못 참겠더라고. 그게 다가 아니야. 그 젊은 무리가 이웃 사람들한테도 카레를 전파하고 다니는 바람에 온

마을에 카레 냄새가 풀풀 풍긴다니까? 네가 한번 와서 보려무나. 진짜 인도 같아. 가본 적은 없지만. 하하."

마지막에 살짝 웃긴 했지만, 분노가 고스란히 묻어나는 어조에 쇼코는 놀랄 수밖에 없었다. 동시에 외삼촌의 말이 틀리지 않은 것 같다는 생각이 들어 적잖이 당황스러웠다.

쇼코는 엄마의 얘기를 어떻게 받아줘야 할지 감조차 오지 않아서 한동안 아무 말도 하지 못하다가 간신히 "아, 그렇구나……" 하고 입을 뗐다.

"조만간 내려갈게. 한동안 못 갔으니까 산소에도 한번 가봐야 할 것 같고."

"그래, 언제든지 오렴."

마지막에는 서로 온화한 분위기로 전화를 끊었지만, 쇼코는 최근 몇 년을 통틀어서 최악으로 꼽을 만큼 찜찜한 기분이 들었다. 다행히 이번 주에는 파트타임 일을 쉴 수 있어서 친정집에 내려가 보기로 했다.


## 변해버린 엄마와 친정집

친정집으로 향하는 고속열차 안에서 쇼코는 엄마의 젊은 시절 모습을 떠올려보았다. 쾌활했던 엄마는 우울증 같은 마음의 병과는 전혀 인연이 없는 사람이었다. 하지만 자기 생각을 고집하는 경향은 조금 있었던 것 같다. 초등학생 시절 쇼코는 기관지 천식을 앓아서 병원 치료를 받았는데, 좀처럼 상태가 나아지지 않아 고가의 민간요법에 손을 댄 적이 있다. 효과가 있었는지 없었는지는 분명하지 않지만 엄마는 지금도 '민간요법 덕을 봤다'고 철석같이 믿는다.

고속열차에서 일반열차로 갈아탄 뒤, 역에서 내린 뒤부터는 택시를 타고 갔다. 친정집에 도착하니 점심시간이 지난 시각이었다. 엄마가 사는 집은 고도성장기(1950년대 무렵_ 옮긴이)에 조성된 교외 주택가에 있었는데, 어디나 그렇듯 그곳도 주민들의 고령화 문제로 골머리를 앓고 있었다.

택시에서 내리니 평소와 다름없는 친정집의 모습이 보였다. 그런데 쇼코는 그 순간 자기 눈을 의심할 수밖에 없었다. 자세히 보니 현관 옆 부엌 유리창이 파란 비닐 시트로 도배되어 있던 것이다.

"빨리 왔네?"

마중을 나온 엄마는 반년 만이었는데, 쇼코 눈에는 꽤나 야윈 것처럼 보였다. 무엇보다 놀란 것은 방과 부엌에 물건이 정신없이 어질러져 있다는 사실이었다. 특히 식탁 위에는 먹다 남은 밥과 며칠 전에 사온 것 같은 반찬이 마구잡이로 널려 있었다.

"엄마, 괜찮은 거야?"

집 안을 둘러본 쇼코는 다짜고짜 본론부터 꺼낼 수밖에 없었다. 잘 정돈되어 있던 평소 집 안과는 180도로 다른 모습이었기 때문이다.

"내가 저번에 카레 얘기했었지? 섬섬 더 심해져서 진짜 미치겠어. 지금도 냄새 나지? 카레로만 괴롭히는 게 아니라 항상 몇 명이 모여서 소란을 피운다고. 게다가 나한테 '괴팍한 아줌마'라고 부르면서 빨리 죽어버리라는 거 있지?"

하지만 카레 냄새 같은 건 전혀 나지 않았다. 쇼코도 더 이상 침착하게 대응할 수가 없어서 "무슨 카레 냄새가 난다고 그래?" 하고 쏘아대듯 말을 뱉는 바람에 말다툼이 시작되었다.

"이렇게 냄새가 심한데 무슨 소리야? 너도 다카시 외삼촌이랑 똑같은 소리를 하는 거니?"

"진짜로 카레 냄새가 안 나니까 그렇지. 게다가 집 안 꼴은 또 이게 뭐야? 엄마답지 않잖아. 도대체 무슨 일이야?"

"그거야 매일같이 괴롭힘을 당하니까 그렇지. 밤에 잠도 못 자고, 장 보러 가기도 힘들다고. 겪어보지 않으면 모른다니까?"

"경찰서에도 갔다며?"

"외삼촌이 그 얘기도 했어? 여기 경찰도 옆집 사람들하고 한패야. 경찰도 믿을 게 못 되더라고."

쇼코는 무슨 말을 해도 통하지 않자 상당한 무력감을 느꼈다. 엄마는 본인이 믿는 것에 대해 아무런 의심도 하지 않았고, 쇼코를 포함해 타인이 하는 말은 들을 생각이 전혀 없는 것 같았다.

결국 카레에 관해서는 더 이상 언급하지 않기로 했다. 그 이야기만 꺼내지 않으면 엄마는 일상적인 대화가 가능한 상태였고, 겉으로는 별문제가 없는 것처럼 보였다.

그런데 밤이 되었을 때 쇼코는 깜짝 놀랄 광경과 마주하게 되었다. 엄마가 라디오 스피커를 옆집으로 향하게 하고 음악을 트는 것이 아닌가. 스피커에서는 엄마가 좋아하는 가수의 노래가 흘러나왔다.

"뭐 하는 거야?"

"옆집에서 이렇게 야단법석을 떠는데, 나도 이 정도는 해야지!"

그렇게 큰 소리는 아니었지만 밤에 밖을 향해 음악을 트는 건 정상이 아니다. 다행히 옆집은 불이 꺼져 있어서 시끄럽다고 쫓아올 걱정은 없어 보였다. 하지만 소란을 피우는 소리는 전혀 나지 않았고, 정원에서 풀벌레 우는 소리만 날 뿐이었다.

"나는 아무 소리도 안 들리는데?"라고 말했지만, 엄마의 눈빛에 왠지 모를 광기가 서려 있어서 더 이상 강하게 제지할 수가 없었다.

"너는 이제 그만 자러 들어가렴. 나는 음악이라도 틀지 않으면 잠이 안 와."

쇼코는 자기 힘으로는 도저히 해결할 수 없겠다는 생각이 들었다.

## 드디어 정신과를 찾다

쇼코와 어머니가 나를 방문한 것은 그로부터 1년이나 지나서였다. 쇼코 어머니는 그 후로도 자신에게 이상이 생겼다는 사실을 계속해서 부인했다고 한다. 그런데 불면증이 점점 심해지는 바람에 견디다 못해 나에게 진료를 받으러 온 것이다.

"잘 부탁드립니다."

쇼코 어머니는 진료실에 들어오면서 인사를 했다. 언뜻 보기에 아직 기본적인 예의는 잃지 않은 것처럼 보였다. 하지만 웃음기 없는 무뚝뚝한 표정에서 의사에 대한 강한 불신이 엿보였다. 한 발짝 뒤에 따라 들어온 쇼코는 나에게는 시선도 주지 않고, 어머니 쪽만 걱정스러운 표정으로 바라보고 있었다. 문진표를 들여다보니 수많은 항목 가운데 '불면'에만 체크 표시가 있을 뿐, '망상'이나 '환청' 항목은 비어 있었다.

진찰을 하기 전에 나는 접수처에 쇼코가 미리 건넨, 담당 의사에게 보내는 쪽지를 받았다. 지금까지 어머니가 보인 이상 행동과 이에 대해 어머니에게 물을 때는 충분히 주의를 기울여주었으면 한다는 당부가 담겨 있었다.

"처음 뵙겠습니다. 말씀을 듣자 하니 무라타 씨(쇼코 어머니의 이름)는 최근에 잠을 잘 못 주무신다고요?"

"네, 그래요. 나이 탓일까요?"

"안타까운 일이지만 나이를 먹을수록 잠을 푹 못 자게 되지요."

이렇게 무난한 이야기부터 해보기로 했다. 잠이 들기까지가 힘든지 아니면 자다가 중간에 깨는지 등을 물으며 어떤 유형의 불면증인지를 확인하면서 핵심에 다가가기로 한 것이다.

"혹시 잠을 방해할 만한 어떤 요인이 생긴 건 아닌가요? 무라타 씨는 1년 반 전까지만 해도 수면에 별문제가 없었던 것 같은데……."

방어적인 환자라면 의사에게도 자신의 문제를 계속해서 감추기 마련이다. '의사에게 솔직하게 말했다가 약을 처방받지 않을까' 염려하는 것이다.

"실은 이웃 사람들이 정말 너무해요. 이런 얘기를 해도 선생님이 믿어주실지는 모르겠지만……. 저희 딸조차 제 말을 들어주지 않거든요."

"요즘에는 어머님만이 아니라 이웃 간의 문제 때문에 스트레스를 받는 사람이 늘고 있습니다. 모처럼 오셨으니 저한테 말씀해주시면 어떨까요? 도움이 될 만한 일이 있을지 최대한 아이디어를 짜보겠습니다."

아마 사람들이 자신의 말은 듣지도 않고 계속 부정만 하니 사방이 적이라고 생각했을 것이다. 어머니는 굳은 표정이긴 했지만 중간에 절대로 끼어들 수 없을 만큼 빠르고 강한 어조로 '카레 소동'에 대해 이야기하기 시작했다.

대부분 쇼코의 편지에서 이미 얻은 정보였고, 새로운 내용은 없었다.

"어머님을 향한 험담은 언제쯤부터 들렸나요?"

환청은 정신병 증상이라고 불리며, 우울이나 불안처럼 건강한 사람에게도 흔히 나타나는 증상이 아니다. 따라서 조현병인지 다른 정신질환인지 구별하려면 환청이 나타난 시기와 성격을 확인하는 일이 상당히 중요하다. 쇼코 어머니는 이런 질문은 처음 받아보는 것 같았다.

"최근 1~2년 사이에 심해졌어요. 하지만 전에 야마모토 씨가 옆집에 살 때도 기분 나쁜 말을 듣긴 했죠. 세상에 저한테 '무라타 씨도 노망이 들었다'고 하지 뭐예요? 하지만 야마모토 씨는 연세 탓에 정신이 또렷하지 않으니까 그럴 수도 있다고 생각하고 넘겼어요."

"이런 일은 처음인가요? 아니면 이전에도 비슷한 경험을 하신 적이 있나요?"

쇼코의 편지에는 어머니가 이런 이상 증세를 처음 보인 것처럼 쓰여 있었지만, 혹시 조현병이라면 호발연령好發年齡(특정 질병에 걸리기 쉬운 나이)인 이삼십 대 무렵에 어떤 징조가 있었을 것이다.

"이 정도로 심하진 않았지만 딸을 낳은 뒤에 비슷한 일이 있었어요. 카레로 괴롭힘을 당한 건 아니었지만 이웃 사람이 저에 대해서 있는 일 없는 일 지어내며 떠들고 다녔거든요."

"병원에 갈 정도로 심했나요?"

"그게 말이죠, 선생님. 옛날에는 주변 사람들 눈도 있고 해서 쉽게 진료를 받을 수가 없었어요. 산 쪽에 정신병원이 있었는데, 부모님이 화가 날 때마다 '나쁜 짓 하면 저기에 넣어버린다'고 위협할 정도였으니까요."

쇼코 어머니 세대라면 정신과에 편견이 있는 것도 무리는 아니다. 정신과 진료를 받았다는 사실만으로도 틀림없이 주변에서 색안경을 끼고 바라봤을 것이다. 이 사실을 몰랐을 쇼코는 어머니의 과거 이야기를 듣고 어떤 생각을 했을까?

한동안 이야기를 듣다가 쇼코 어머니 같은 환자를 초진할 때 반드시 하는 질문을 던졌다.

"사실은 병원에 오게 된 게 뜻밖이라고 생각하지 않나요?"

"병원에, 그것도 정신과에 오고 싶어 하는 사람이 어디 있겠어요. 게다가 딸은 물론 이웃들까지 저한테 억지로 정신과 진료를 받아보라고 하니까 더 오기가 생기더라고요. 보건소 직원까지 집에 찾아온 적이 있거든요. 식중독에 걸린 것도 아닌데 말이죠."

"그런데도 여기 오셨네요?"

"불면증을 고치고 싶어서 온 겁니다. 잠을 잘 못 자면 건강에 안 좋다고 텔레비전에서 그랬거든요."

마음속에서 몇몇 병명 후보가 떠올랐다. 아마 앞으로도 지속적인 치료가 필요한 병일 것이고, 치료를 위해서는 병원에 오게 해야 한다. 자신이 이상하다는 사실을 조금이라도 깨닫지 못한다면 두 번 다시 내 앞에 나타나지 않을 것이다.

"무라타 씨가 상당히 힘들어하고 계시다는 걸 알았습니다. 수면은 건강을 위해서만이 아니라 일상생활을 즐겁게 보내기 위해서도 중요한 문제니까요. 그런데 불면증 치료는 그냥 수면제를 처방해드린다고 끝나는 문제가 아닙니다. 예를 들면 미세한 뇌경색 같은 몸의 질병이나 다른 약 때문에 불면이 생기기도 하니까요. 건강진단을 받는다는 생각으로 간단한 검사를 받으시기를 권해드립니다."

일부러 핵심적인 진단 내용은 알리지 않고, 환자에게 공감하는 자세를 보여줌과 동시에 몸의 질병과 수면 문제로 병명을 슬쩍 바꿔치기하는 작전으로 나갔다. 약을 바로 처방해주지 않는 것도 환자를 안심시키는 기술이다. 이런 상황에서 방어적인 의사라면 '진단 내용을 제대로 고지하지 않으면 나중에 문제가 생기거나 소송까지 당할 수 있다'는 생각에 병명을 직접적으로 말할 수도 있겠지만, 나는 다른 선택을 했다.

쇼코 어머니는 나를 일단 신뢰하는 것처럼 보였다.

"선생님께 맡길게요."

이렇게 치료가 시작되었다.

# 불면증 치료를 가장하다

쇼코 어머니는 2주에 한 번 간격으로 반년 정도 통원을 하며 나를 만났다. 나이로 봤을 때 치매일 가능성도 있었지만, 심리검사 결과로 봐서는 건망증이나 실행기능(사고나 행동을 제어하는 뇌의 기능) 장애는 전혀 보이지 않았다. 뇌 MRI에서도 알츠하이머형 치매에서 보이는 뇌 축소나 뇌혈관 장애를 의심할 수 있는 변화는 발견되지 않았다.

혈액검사와 뇌파검사 결과에도 이상 소견이 없었기 때문에 다소 발병 연령이 늦은 '조현병'일 거라는 확신이 들었다. 조현병 중에서도 쇼코 어머니는 망상이 강한 '망상형'에 속한다. 적어도 지금 시점에서는 환청이나 망상을 억제하는 약, 항정신병 약이 소량이라도 필요한 상태라고 판단했다.

문제는 '환자에게 이를 어떻게 전달해서 치료를 받게 할 것인가'다. 쇼코에게는 어머니가 없는 자리에서 치매일 가능성은 낮고, 늦게 발병한 조현병 같다고 전해두었다.

쇼코 어머니는 자신의 병적인 부분이나 이상을 모를 뿐 아니라 제2장에서 다룰 '병식'도 전혀 가지고 있지 않았다. 즉, 주변 사람들이 이상한 것이고 본인은 정상이라고 믿고 있는 상태였다. 그런 사람에게 "당신은 조현병입니다"라고 말하면 도리어 화를 내면서 통원을 거부하게 될 것이 뻔하다. 그렇게 되면 치료를 받지 않은 채 원래의 생활로 돌아갈 가능성이 높다.

"만일을 위해서 검사를 해봤는데, 운 좋게도 무라타 씨는 치매는 아닙니다. 그래서 스트레스에 민감한 것 같습니다."

"그 말을 들으니 안심이 되네요. 역시 수면제가 필요할까요?"

"그 부분이 판단하기 어려워요. 수면제는 억지로 잠을 재우는 작용을 하는 약이니까요. 무라타 씨의 경우는 스트레스를 완화해주는 약이 나을 것 같습니다. 카레 소동으로 지금은 힘드시겠지만, 앞으로는 상황이 달라져서 괴롭힘이 줄어들지도 모르지요. 그러면 약을 끊을 수 있을 겁니다."

"알겠습니다. 잘 부탁드릴게요."

그래서 나는 소량의 항정신병 약을 처방했다. 내가 처방한 항정신병 약은 환청과 망상에 효과가 있고, 졸립거나 나른하지 않은 대신 불면에는 효과가 별로 없다. 하지만 낮 동안 활동량이 늘면 수면 습관도 틀림없이 개선될 것이다. 소량이라는 것은 초기 투여량을 말한다. 갑자기 약을 다량 처방하는 의사도 있지만, 이렇게 하면 당연히 부작용이 생기기 쉽다.

이제는 환자가 약국에서 약에 대한 정보를 받아볼 수 있는 시대가 되었다. 약 설명서에 "환각과 망상을 줄여준다"라고 쓰여 있기 때문에 감이 좋은 환자는 의사의 판단을 눈치채기도 한다.

그래서 나는 '그런 설명이 나와 있긴 하지만, 무라타 씨 같은 경우에도 자주 사용한다'고 말하며 방패막이를 쳐놓았다.

그런데 이렇게까지 정성을 들여서 배려하고 설명을 해도 약을 먹지 않는 환자도 있다. 다행히 쇼코 어머니는 수면 부족으로 어지간히 힘들었는지 매일 밤 약을 복용했다. 아침에 일어나면 조금 나른하다곤 했지만, 눈에 띄는 부작용이 없어서 치료가 원활하게 진행되었다.

세 번째로 쇼코 어머니를 만났을 때는 미간의 주름이 상당히 옅어지고, 어느 정도 긴장이 풀린 표정으로 바뀌어 있었다. 어머니와 마찬가지로 초진 때는 불안해 보였던 쇼코도 처음 만났을 당시와는 비교할 수 없을 만큼 긴장이 줄어든 느낌이었다.

내가 "요즘 이웃 사람들은 좀 어떤가요?"라고 묻자 "여전히 그렇지만, 전보다는 얌전해진 것 같아요. 잠을 잘 수 있게 되어서 다행이에요. 그러니까 조금만 더 참아보려고요. 약은 가끔씩 빼먹어도 괜찮나요?"라고 말했다.

나는 매일매일 안정적인 수면을 취하는 것이 중요하기 때문에 꼬박꼬박 약을 챙겨 먹는 편이 좋다고 대답했다. 싫은 표정을 짓지 않을까 했는데 의외로 "알겠습니다"라고 고분고분하게 받아들였다.

보통 만족할 만한 효과를 얻으려면 두 번째, 세 번째 진료 때 약을 단계적으로 늘려서 적정량을 복용하게 해야 한다. 하지만 쇼코 어머니의 경우, 소량으로도 충분히 효과가 나타나고 있었다. 무리하게 양을 늘렸다가 부작용이 생길 수도 있으니 이대로 치료를 계속하는 편이 현명하다고 판단하고, 항정신병 약은 초기 투여량 그대로 한 알을 유지하기로 했다.

쇼코는 어머니의 상태가 나아지는 모습을 보고 안심했는지 세 번째 진료 이후로는 함께 오지 않았다. 치료를 하면서 가장 중요한 끝맺음을 하지 못해 아쉬운 부분이 있다면 쇼코에게 조금 더 이 병에 대해서, 그리고 꾸준한 치료의 필요성에 대해서 설명하지 못했다는 점이다.

반년 뒤에 나는 병원을 옮겼고, 쇼코 어머니는 후임 의사가 담당하게 되었다. 치료를 하는 반년 동안은 환각이나 환청에 관한 언급을 자제했기 때문에 우리의 대화는 치료를 위한 상담보다는 현재의 생활이나 취미 이야기 등 잡담이 차지하는 비중이 컸다. 또 쇼코 어머니도 그런 이야기를 하는 것을 오히려 즐거워했다. 이런 상황에서 매번 피해망상에 대해서 시시콜콜 캐묻는 것은 긁어 부스럼을 만드는 일일 것이다.

쇼코 어머니는 이웃에 대한 피해망상이 완전히 사라지진 않았지만 '더 이상 상관하지 않는 편이 낫겠다'는 투로 말하곤 했다. 어머니 본인도 이웃에 관한 이야기는 피하고 싶은지 '오늘은 딸 이야기를 하고 싶다'는 식으로 다른 화제를 꺼내곤 했다. 치료는 이렇다 할 사건 없이 무난하게 진행되었다.

마지막 진료 때 오랜만에 아주 조심스럽게 카레 소동을 돌아보게 했다. '병식'을 확인하게 위해서였다.

"지금도 카레 냄새가 나나요?"

"가끔씩 나요. 하지만 전처럼 신경 쓰이진 않아요."

"그러고 보니 최근에 카레 이야기를 꺼낸 적이 없었네요."

"그런 얘기만 하면 남들이 이상하다고 생각할 테니까요."

"그렇죠. 이웃이 카레 냄새를 여기저기 풍기고 다닌다니 상식적으로 말이 안 되는 소리 같은데, 다시 돌아보면 어떤가요?"

"그 당시에는 너무 고통스럽고 화도 났었는데, 지금 생각해보면 좀 이상해요. 내 코가 잘못되었던 건가 싶을 때도 있는데, 카레가 지긋지긋했던 건 사실이에요."

그녀는 흥분하지 않고 담담하게 이야기를 했다.

앞으로도 치료를 계속 받았으면 한다는 말을 전하고 진료를 마무리하려다가 마지막으로 한 가지 질문을 더 던졌다.

"무라타 씨가 직접 카레라이스를 만드는 건 어때요?"

"그건 좀 피하고 싶네요. 아직까지는요."

쇼코 어머니는 히죽 웃고는 진료실을 나갔다.


## 또 하나의 병마


대학병원을 떠나 공립 종합병원에 부임한 지 1년이 지났다. 이 병원은 대학병원에서 전철로 40분 정도 떨어진 교외의 한마을에 있다. 나는 연구와 교육 등 대학병원의 번거롭고 부담스러운 업무에서 벗어난 대신 환자 수가 늘어나 바쁜 나날을 보내고 있었다.

그러던 어느 날 진료카드에서 낯익은 이름을 발견했다. 쇼코 어머니였다. 이름을 본 순간 작년의 기억이 되살아났다. 그리고 곧바로 '왜 이 병원을 찾아왔을까', '대학병원에서 무슨 문제가 있었던 건 아닐까' 하는 좋지 못한 예감이 머리를 스쳤다.

일반 병원에는 레지던트가 적기 때문에 초진 때 대학병원만큼 꼼꼼하게 문진을 하진 않는다. 방문 이유에는 '불면'이라는 한 단어만 쓰여 있었다. 게다가 대학병원에서 소개장을 받아오지 않았다는 사실에 걱정이 한 층 더해졌다. 그나저나 쇼코 어머니의 자택은 이 병원에서 꽤 먼 곳에 있는데, 그사이에 이사라도 한 걸까?

이런 나의 염려와 달리 진료실에 들어온 쇼코 어머니는 작년에 마지막으로 보았을 때와 별반 다르지 않은 온화한 표정을 짓고 있었다. 옷차림도 깔끔하고 단정해서 인상 좋은 동네 할머니 같은 모습이었다. 하지만 통통했던 볼은 약간 꺼져 있었고, 표정과는 달리 전보다 수척해 보였다.

"선생님, 오랜만입니다."

웃으며 말을 건네는 쇼코 어머니를 보고 나는 약간 어안이 벙벙했다.

"건강하셨어요?"

"그럭저럭 잘 지냈어요."

"그런데 왜 이 병원에 오신 건가요?"

"선생님을 한 번 더 뵙고 인사라도 드리고 싶어서요."

온화한 표정을 한 쇼코 어머니와 대조적으로 나는 의아하다는 표정을 지었을 것이 분명하다. 그녀는 당신의 딸보다 젊은 의사의 얼빠진 표정을 즐기는 것처럼 보였다.

이유를 알아내고 싶어 하는 나의 기선을 제압하듯 쇼코 어머니가 지금까지 있었던 일을 설명하기 시작했다.

"실은 새로운 선생님과 잘 맞지 않아서 대학병원에는 거의 안 갔어요."

내 뒤를 이어받은 의사는 학자 기질이 있는 오가와 부교수였을 것이다. 궁합이 잘 안 맞았던 걸까?

"게다가 약에 부작용이 생긴 것 같아요. 뭔가 견딜 수 없을 만큼 좀이 쑤시고, 차분하게 있을 수가 없더라고요. 아마 그 선생님으로 바뀌어서 그런 것 같은데……"

좌불안석증akathisia, 坐不安席症이다. 아무래도 담당 의사가 바뀐 탓이 아니라 내가 실수한 것 같다.

좌불안석증이란 항정신병 약의 부작용이다. 이 부작용이 생기면 안절부절못하고 좀이 쑤시는 증상이 심해져서 가만히 앉아 있을 수 없게 된다. 우리가 상상하는 것 이상의 고통을 동반하며 환자는 자신의 증상을 잘 표현하지 못하기 때문에 주변 사람들에게 정신적으로 이상이 생긴 게 아니냐는 의심을 받기도 한다.

"그러면 약도 거의 안 먹고 계시겠네요."

"맞아요. 약을 끊었더니 뒤숭숭한 기분이 가라앉았어요."

약을 계속 먹을 것인가 끊을 것인가. 항정신병 약 복용을 그만둔 조현병 환자의 재발률은 1년 사이에 78퍼센트, 2년 사이에 무려 96퍼센트라는 통계가 나와 있다. 환자가 치료, 정확히 말하자면 계속해서 의사의 처방대로 약을 먹을지 먹지 않을지를 논할 때 우리 정신과 의사들은 '처방 준수adherence'라는 단어를 자주 사용한다. 처방 준수란 환자가 적극적으로 치료 방향을 결정하는 데 참여하고, 그 결정에 따라서 치료를 받는 것을 뜻한다. 치료 방침에 따르지 않는 환자를 의사들은 '처방 준수 불량'이라고 말하기도 하는데, 오히려 환자가 그 약물이 자신에게 듣지 않는다는 사실을 간파하고 현명한 판단을 내린 경우도 많다.

그렇다고는 해도 거의 치료를 받지 않고 있는 것이나 마찬가지인데, 그런 것치고는 정신 상태가 나쁘지 않아 보인다. 가장 중요한 피해망상은 어떻게 되었을까?

"요즘에도 이웃 사람들이 해코지를 하나요?"

조심스럽게 피해망상이 어느 정도인지 확인했다. 괜한 자극을 줄까 봐 '카레라이스'라는 단어는 목구멍으로 꿀꺽 삼켜버렸다.

"가끔씩 있긴 하지만 신경 쓰지 않으려고 해요. 잠이 안 올 때는 선생님께 받은 약이 아직 남아 있어서 먹기도 했고요."

"그러셨군요……."

"그런데 이제 약이 슬슬 떨어져 가서요."

쇼코 어머니가 나를 찾아온 이유가 드디어 드러났다. 그런데 본인 말에 따르면 약은 거의 먹지 않은 거나 다름없는데, 이대로라면 당연히 증상이 다시 악화되었을 위험성이 높다. 뭔가 다른 변화는 없었던 걸까?

"약을 끊으면 다시 상태가 악화되는 사람도 많은데, 어떻게 컨디션을 유지하셨나요?"

"그 뒤로 딸이 자주 와줬어요. 딸과 함께 놀러 오는 손자도 보살펴야 해서 이런저런 쓸데없는 걱정을 하고 있을 여유가 없었다고나 할까요?"

'그런 거였군.'

주위 환경의 변화로 병세가 달라지는 일은 결코 드물지 않다. 치료를 거의 하지 않았는데도 이 정도 상태를 유지할 수 있었던 것은 쇼코가 곁에 있어준 덕분이고, 현재로서는 딸과 함께하는 시간이 좋은 방향으로 작용하는 것 같다.

"그거 잘됐네요. 따님과 손자분이 가장 좋은 약이군요."

"손자가 그렇죠."

피해망상은 역시 남아 있는 것 같지만 굳이 치료를 진행할 필요는 없어 보였다.

"약은 최소한으로 처방해드릴 텐데, 앞으로 이 병원에 오실 건가요? 뭐, 그렇게 자주 오실 필요는 없어 보이지만요."

"3개월에 한 번 정도면 운동 삼아 와볼게요. 그런데 딸네 집으로 이사하게 될지 어떻게 될지 아직 모르겠네요."

"이사하게 되면 소개장을 써드릴 테니 부담 갖지 말고 말씀해 주세요."

"감사합니다."

진료가 끝났다. 3개월 뒤로 다음 예약을 잡고, 졸음이 조금 오긴 하지만 좌불안석증이 거의 생기지 않는 항정신병 약을 소량 처방하는 것으로 쇼코 어머니와의 재회를 마무리했다.

그런데 쇼코 어머니를 진료하는 것은 이때가 마지막이 되고 말았다. 두 달 뒤 쇼코에게서 전화가 왔는데, 어머니에게 말기 위암이 발견되어 남은 시간이 별로 없다는 얘기를 전했다. 이참에 자기 집으로 모시고 와서 돌봐드리려고 한다는 연락이었다. 암이라는 사실을 듣고도 쇼코 어머니는 담담하게 받아들였다고 한다.

그 후 쇼코 어머니 소식은 끊어지고 말았다. 나는 암을 발견하지 못한 나의 어리석음에 부끄러움을 느낌과 동시에 암으로 병든 몸에 무리하게 약물 치료를 진행하지 않아서 다행이라고 생각했다.

# 2장

# 자신의 이상을 인식하는
# 병식이란 무엇인가

## 자신의 이상을 인식하는 병식

정신과에는 '나는 정신병 따위에 걸리지 않았다'고 주장하며 본인의 의지와는 상관없이 가족이나 직장 상사, 경찰 등 제3자에게 반강제적으로 끌려오는 사람이 있다. 반면에 겉으로는 본인의 의지로 병원에 왔다고 말하지만 속으로는 '나는 이상하지 않다', '정신병이라는 진단을 받고 싶지 않다'고 생각하며 의사의 질문에 굳은 표정으로 일관하거나 방어적인 태도를 보이는 사람도 적지 않다.

쇼코 어머니는 아마 후자에 해당될 것이다. 그녀는 '불면증 때문에 괴롭다'고 말했지만 가족이나 행정적인 압력이 없었다면 분명 의사를 찾지 않았을 것이다.

'나는 정상인가, 비정상인가.'

이를 판단하는 일은 사실 쉽지 않다.

정신과와 전혀 인연이 없는 사람이라도 남들 눈에는 마음의 병을 앓고 있는 것처럼 보이는 사람이 분명 있을 것이다. 왜냐하면 〈들어가며〉에서 언급했듯이 본인이 '나는 정신병이 아니다', '나는 정상이다'라고 생각하면 웬만큼 주위에 피해를 주거나 스스로 고통을 느끼지 않는 이상, 정신과를 찾지 않기 때문이다.

'나를 무시하는 목소리가 들린다'는 식의 환청이나 '주위 사람이 나를 괴롭힌다'고 생각하는 피해망상에 사로잡힌 조현병 환자는 이런 현상이 실제로 일어나고 있다고 굳게 믿는다. 옆에서 아무리 '그런 소리는 들리지 않는다'고 말해봤자 그들이 보기에는 다른 사람들이 이상하게 보이고 괘씸하게 느껴질 뿐이다. 쇼코 어머니의 입장에서는 이웃과 가족이야말로 자신들이 이상하다는 사실을 인정하지 않는 골치 아픈 사람들인 것이다.

'자신의 이상'을 인식하는 일. 100퍼센트 맞진 않지만 이에 가까운 뜻의 용어가 정신의학 분야에 존재한다. 〈들어가며〉에서 언급했던 '병식'이라는 단어다.

글자 그대로 해석하면 병에 대한 인식, 즉 '자신의 병을 얼마나 이해하고 있는가'를 의미한다.

엄밀하게 말하자면 '병식'은 정신질환이라는 '병'을 가진 사람에게만 적용해야 한다. 그렇지만 요즘에는 '정상'과 '이상', '건강'

과 '불건강' 사이에 선을 긋기가 어려워졌다. 본인이 정상이라고 믿고 있는 이들 가운데 어떤 병이라고 진단을 내릴 정도는 아니지만, 병적인 부분이 있는 경우도 적지 않다.

그렇다면 '자신의 이상'을 인식하는 '병식'에 대해 옛사람들은 어떻게 생각했을까? 자세히 살펴보면 '병식' 안에도 그 사람이 가지는 병적인 부분이 무엇인지, 그에 대해 심리적으로 어떻게 대처하고 있는지에 따라 다양한 차이가 존재한다.

조금 어려운 내용이 될지도 모르지만 이쯤에서 '병식'에 대해 짚고 넘어가기로 하겠다. 이해를 돕기 위해 쇼코 어머니를 예로 들어 설명해보려고 한다.

## 병식의 계보학

병식에 대해서 처음으로 논한 사람은 체코의 정신과 의사 아놀드 픽Arnold Pick(1851~1924)이다. 그는 '질병 의식'이라는 개념을 도입했다. 이는 말 그대로 질병에 대한 의식이라는 것인데, 그 내용을 자세히 들여다보면 병을 올바르게 이해하는 병식부터 '어쩌면 병일지도 모른다'고 생각하는 불안 수준의 병식까지 그가 질병 의식을 여러 가지로 나누었다는 사실을 알 수 있다.

병식이라는 용어를 확립한 사람은 독일의 정신과 의사 카를 야스퍼스Karl Jaspers(1883~1969)다. 야스퍼스는 실존주의 철학자로 유명한데, 그는 아내가 유대인이라는 이유로 나치의 박해를 받았다. 즉, 파시즘이라는 집단적 광기의 피해자였던 셈이다. 이런 상황에서 그의 관심이 병식이라는 실존적인 문제로 향한 것은 어쩌면 자연스러운 흐름이었을지도 모른다.

야스퍼스는 픽과는 달리 병(정신질환)에 대한 인식을 아래처럼 두 가지로 나눴다.

> 질병 의식(병이라는 느낌을 받는다)
>
> 병식(병에 대해 객관적으로 이해하고 판단을 내린다)

이를 보고 많은 사람이 '병식'이 상당히 높은 수준의 인식이라고 생각할 것이다. 병식은 영어로 'insight'(통찰)이다. 즉, 병식이란 다른 말로 '병에 대한 통찰'이라고 할 수 있다.

예를 들어 "당신은 인플루엔자에 대해 충분히 이해하고 있습니까?"라는 질문을 받는다면 의사인 나도 자신감을 가지고 완벽하게 대답할 수가 없다. 그래서 나 또한 '병식'이 상당히 높은 수준의 인지기능이라고 생각한다.

현대의 의료 수준은 야스퍼스가 활동하던 시대에 비해 훨씬 발달했다. 게다가 지금은 고도의 치료를 행하기 전에 반드시 '사전동의informed consent'(의사가 환자에게 진료의 목적과 내용을 충분히 설명한 다음 치료하는 일 – 옮긴이)를 얻어야 한다. 따라서 환자에게 병에 대해서 충분히 이해시키지 않으면 검사와 치료가 제대로 진행되지 않는다. 이러한 경향은 앞으로 점점 더 강해질 것이다.

심근경색이나 뇌졸중, 암과 같은 '몸'의 질병에 대해서는 정보 제공과 이해가 질적인 면에서나 양적인 면에서나 충실해지고 있으며, 이는 병식이 병에 대한 객관적인 통찰이라는 야스퍼스의 생각이 현실화되고 있는 것이다.

하지만 이른바 정신의 병, 흔히 말하는 '마음의 문제'에 대한 이해는 아직까지도 신체질환에 대한 의학 수준에 미치지 못한다. 예를 들어 내시경으로 위에서 세포를 채취하고, 현미경으로 확인해서 암세포가 발견되면 위암 판정을 내릴 수 있다. 또 최고 혈압이 160밀리미터에이치지가 넘으면 2단계 고혈압이라는 진단이 나온다.

그런데 정신의 병 혹은 정신의 문제는 신체에 일어나는 병이나 문제와는 달리 종잡을 수 없는 것이 특징이다. 쇼코 어머니의 경우는 객관적인 상황만 보더라도 이상을 확인할 수 있지만, 예를 들어 '아내가 바람을 피우고 있다'고 의심하는 질투 망상은 나중에 배우자의 불륜이 밝혀지면서 망상이 아니었다는 사실을 알게 되는 경우도 가끔 있다.

야스퍼스가 제창한 병식, 내가 이 책에서 사용하는 '자신의 이상'을 통찰하는 능력은 어쩌면 정의를 내리기 어려운 이상理想에 가까운 것일지도 모른다.

잠시 옆으로 샜는데, 다시 조현병에 대한 이야기로 돌아가 보자. 이 병에 걸린 사람은 완전히 '병식'을 잃고 비정상의 세계에 발을 푹 담그고 있을 것 같지만 사실은 그렇지 않다. 병적 세계에 둘러싸인 조현병 환자에게도 건강한 부분이 있다. 이를 설명하기에 앞서 우선 현대의 정신의학이 어떤 식으로 병을 진단하는지부터 살펴보려고 한다. 조현병 진단을 내리는 데 '병식'은 중요한 항목일까?


## 현대 정신의학은 병식을 경시한다

21세기에는 정신병을 진단할 때 보통 '조작적 진단 기준'을 이용한다.

'조작적 진단 기준'이란 나쁘게 말하면 매뉴얼에 따라서 판에 박힌 듯이 진단을 내리는 것이라고 할 수 있다. 우리는 현재 역 앞에 있는 동네 정신과의원부터 미국의 고차원적 연구시설에 이르기까지 정신병을 진단하는 데 DSM(미국 정신의학회가 제시하는 진단 기준으로 현재는 그 최신판인 DSM-5를 쓴다)을 널리 사용한다.

이에 따르면 다음 다섯 항목 중 두 가지 이상에 해당되고, 각각의 항목이 한 달 이상 지속되면 조현병이라는 진단이 내려진다.

1. 환청이 들리거나 환미를 느끼는 등 환각에 빠진다
2. 망상에 사로잡힌다
3. 사고가 해체되고 대화를 해도 소통이 안 된다(엉뚱한 소리를 한다)
4. 두서없는 언동을 보이고 긴장한다(의미를 알 수 없는 행동을 하거나 갑자기 굳어버린다)
5. 음성 증상을 보인다(무표정하다, 둔감하고 모든 일에 나태해진다)

쇼코 어머니의 경우, 환각에 빠지고(카레 냄새가 난다, 남들이 자신의 험담을 한다), 망상에 사로잡히고(이웃이 해코지하려 한다), 음성 증상을 보였다(집 정리를 하지 못한다).

종래의 정신의학에는 애매한 개념이 많았고, 또 정신과 의사에 따라서 진단이 크게 달랐던 것이 이와 같이 명쾌한 기준을 도입한 이유다. 하지만 한편으로는 지나치게 분명하게 선을 긋고 있어서 '체크 리스트'라는 야유를 받기도 한다.

그렇다면 DSM에 야스퍼스도 중요하게 생각했던 병식이라는 항목이 들어 있을까? 애석하게도 병식의 유무는 어떤 병의 진단 기준에도 포함되어 있지 않다. 병식에 커다란 문제를 안고 있는 조현병조차 진단을 내릴 때는 병식의 유무를 따지지 않는다. 자기 자신의 상태에 대해 어떻게 생각하든 진단에는 결정적인 역할을 하지 못한다는 뜻이다.

또한 콜롬비아 대학의 심리학자 하비어 아마도르Xavier Amador
를 비롯한 연구진은 조현병의 주요한 증상인 피해망상은 병식
결여와는 관계가 없다는 사실을 밝혀내기도 했다. 즉, 심한 망상
에 사로잡혀 있는 상태와 자신의 이상을 알아채는 병식이 결여
된 상태는 어떤 상관관계도 없다는 말이다.

곰곰이 생각해보면 병식이 있느냐 없느냐를 흑과 백을 나누
듯 정확하게 가리는 일은 애초에 불가능하다. 자신의 이상을 전
혀 눈치채지 못하는 사람이 있는가 하면, 어렴풋이 자신이 이상
하다고 느끼는 사람도 있어서 환자마다 개인차가 매우 크다. 쇼
코 어머니도 상태가 안 좋을 때는 병식이 거의 없었지만, 치료를
받으면서 '어쩌면 내가 이상한 걸지도 모른다'고 말하는 등 충
분하진 않지만 자신의 이상을 조금이나마 느끼게 되었다.

진단 항목에 포함되어 있지 않고, 피해망상의 중증도와도 관
련이 없다고는 하지만 '병식'을 어느 정도로 가지고 있느냐는 매
우 중요한 문제다. 병식이 전혀 없는 사람에게 '병에 걸렸다'는
사실을 인지시키려면 환자를 자극해 오히려 역효과가 나기 십
상이다. 장기간 치료를 필요로 하는 사람은 '병식'이 없으면 '나
는 정상이다'라고 생각해서 의사를 찾아오지 않게 될 것이다. 그
렇게 되면 치료를 받지 못해 병이 악화될 가능성이 높다.

이는 비단 병에 걸린 사람에게만 해당되는 것이 아니다. (현재
로서는) 정상적이고 건강하다고 말할 수 있는 사람도 자신의 이

상을 알아채지 못하면 다른 사람의 평가를 거부한다. 내가 아프지 않아도 '병식'을 가지는 편이 좋다고 생각하는 이유는 앞에서도 말했듯이 '정상', '비정상'의 경계가 분명하지 않은 경우가 많기 때문이다.


## 조현병에 대한 질병 의식

쇼코 어머니는 다행히 자발적으로 치료를 받은 덕분에 입원을 면할 수 있었지만, 그렇지 않은 경우도 적지 않다. 어떤 사람이 강도나 상해 등 범법 행위를 저질렀는데 그것이 정신장애에 의한 것이라고 판단되면 '응급 입원 조치'가 내려진다. 혹은 환자가 거부하더라도 의사가 입원이 필요하다고 판단하면 가족 등 보호자의 동의를 얻어서 '의료보호 입원'이라는 형태로 입원을 시킬 수 있다. 환자의 입장에서는 양쪽 모두 강제 입원일 뿐이겠지만 말이다.

쇼코 어머니도 옆집인 야마모토 씨의 집에 쳐들어가서 폭력을 휘두르는 일이 있었다면 경찰이 출동하면서 결과적으로는 입원 조치가 취해졌을 것이다. 자신을 공격한다는 환각이나 망상에 대한 방어 행위, 대응 행동으로 정상인의 입장에서는 반사회적인 행동을 하는 경우도 있다.

응급 입원이나 의료보호 입원이나 정신보건지정의精神保健指定醫에 의한 진단이 필요하다. 그런데 이렇게 입원을 앞두고 의사의 판단 근거를 기록하는 입원 신고 서류에는 '병식 결여'라는 상투적인 문구가 등장한다. 또한 정신 감정을 할 때도 '병식'이 있느냐 없느냐는 판단의 중요한 근거가 된다.

조현병 환자에게는 병식이 거의 없다고 할 수 있다. 왜냐하면 조현병에 걸리면 자신이 빠진 환각이나 피해망상에 흔들리지 않는 확신을 가지기 때문이다. 반면에 우울은 건강한 사람도 때때로 경험하는 증상이다. 따라서 전문가라도 우울감이 어느 정도까지면 괜찮고, 어느 정도부터가 우울증인지 판단을 내리기 어려운 경우가 자주 있다.

그런데 같은 조현병을 앓아도 환자마다 인식 수준이 다르다. 통찰 수준은 아니지만 개중에는 병에 대한 의식, 즉 '질병 의식'이 강한 사람도 있다. 쇼코 어머니는 마지못해서 병원에 따라온 반면, 스스로 자진해서 찾아오는 사람도 적지 않다.

"내 뇌 안에 칩이 심어져 있으니 MRI 검사를 해줬으면 좋겠다."

"뇌 반쪽의 형태가 일그러져 있으니 수술로 고쳐줬으면 좋겠다."

이렇게 말하며 뇌신경외과나 신경내과를 찾는 조현병 환자도 있는데, 그런 환자에게 어떻게 대처해야 할지 몰라 담당 의사가 정신과에 상담을 해오기도 한다. 의사가 봤을 때는 그럴 리가 없다며 웃어넘길 만한 일이라도 자신에게 이상이 생겼다고 철석

같이 믿는 환자에게는 상당히 괴로운 일임에 틀림없다. 절망한 나머지 자살에 이르는 사람도 있을 정도니 말이다.

어떤 것이든 신체적으로 고통을 느끼는 사람은 병원에 도움을 요청하러 오기 때문에 치료로 이어지기 쉽다. 쇼코 어머니도 불면이라는 신체적 고통 덕분에 사회적 파장을 일으키는 일은 피할 수 있었던 것인지도 모른다.

그런데 쇼코 어머니가 불면증으로만 고민했던 것은 아니다. 그녀는 주위에서 이유 없이 자신을 멀리하는 바람에 사회로부터 고립되었다고 생각했다. 건강했던 몇 년 전과는 '무언가가 변하고 말았다'라는 애매하고 막연하지만 강한 고립감에 시달렸던 것이다. 정신적으로 고통을 느꼈다는 점에서 봤을 때는 '아무래도 내가 이상한 것 같다'는 미숙한 '병식'을 가지고 있었다고 말할 수 있다.

작가 아쿠타가와 류노스케芥川龍之介의 어머니는 조현병으로 입원한 이력이 있고, 아쿠타가와 또한 조현병이었을 가능성이 있다. '막연한 불안'이라는 유서를 남기고 자살한 그는 자신도 조현병에 걸릴지도 모른다는 공포에 사로잡혀 있었다고 한다. 그에게 조현병에 대한 통찰이 있었다고 말하긴 어렵지만, 정신병에 대한 불안과 공포, 야스퍼스가 말하는 '질병 의식'은 상당히 강했다고 할 수 있다.

## 망상과 현실의 이중 세계

영화 〈뷰티풀 마인드A Beautiful Mind〉는 조현병을 앓으면서도 균형이론을 수립해서 노벨 경제학상을 수상한 수학자 존 내시John Nash의 생애를 그린다.

내시는 환각과 망상의 위협을 받으며 수학자로서의 삶뿐만 아니라 가정생활까지 무너져 내렸다. 정신과 의사의 진단과 치료를 받으면서 일단 회복했지만 약은 수학자에게 가장 중요한 사고력을 둔하게 만들었다. 그래서 의사의 눈을 피해 한동안 약을 먹지 않았더니 '국가가 나를 박해하고 있다'는 피해망상이 재발해 치료를 더욱 거부하게 되었다. 영화는 임상 현장에서도 쉽게 볼 수 있는 에피소드를 생생하게 묘사한다.

'이중지남력double orientation'이라는 용어가 있다. 사람들은 흔히 망상에 사로잡히면 그 사람 주변의 모든 세계가 망상의 지배를 받을 거라고 생각한다. 하지만 그들이 항상 망상의 세계에만 흠뻑 취해 있는 것은 아니다. 조현병 환자는 망상과 현실의 세계를 왔다 갔다 하면서 '이중적'인 관점을 취함으로써 타협을 시도한다.

내시도 증상이 심할 때는 망상의 세계밖에 보지 못했는데, 그의 아내 알리시아는 그런 그를 망상의 세계에서 현실로 돌려놓기 위해 애썼다. 그녀의 거듭된 노력 덕분에 내시는 현실 세계로

서서히 돌아올 수 있었다.

내시처럼 병식이 결여되기 쉽다고 여겨지는 조현병일지라도 이중지남력으로 자신의 병에 대한 올바른 이해, 통찰에 가까운 인식을 갖게 되는 환자도 있다. 쇼코 어머니는 물론 딸 쇼코가 곁에서 보살펴준 덕에 피해망상의 세계에서 돌아올 수 있었겠지만, 그 이면에는 쇼코의 권유를 받아들일 만큼 어머니에게 이중지남력이 있었기 때문에 회복된 건지도 모른다.

조현병 환자는 기본적으로는 망상의 세계에서 살고 있지만 우리가 사는 현실 사회에서 살 때도 있다. 현실에 가까워졌을 때 '내가 좀 이상했던 것 같다', '역시 나는 아프구나' 하고 자신의 병을 깨닫고 통찰을 하기도 한다.

그런데 통찰을 얻는 일은 양날의 검이 될 수도 있다. 사람들은 일반적으로 자신이 '마음의 병'을 앓고 있다고 생각하지 않는다. 섬세한 조현병 환자가 고분고분하게 자신의 '마음의 병'을 받아들일 수 있을까? 정신과 의사인 도이 다케오土居健郎는 '병식이 생기기 시작할 때 마음은 엄청난 충격을 받는다'며 주의를 촉구한다.

일부 조현병 환자 중에는 '이중'의 세계 가운데 현실 쪽의 감각이 매우 예민해서 '멀쩡해 보이는' 사람도 있다. 현실 사회에서는 뛰어난 재능을 가진 수학자였던 내시처럼 말이다. 그는 수학의 세계에 살았지만, 우리가 사는 현실은 진심과 가식이 함께 공존하는 모순된 사회다. 조현병 환자는 마음이 건강한 사람이라면 어른스럽게 웃어넘길 만한 상황에서 정면으로 반박하며 정론을 펼치기도 한다. 때로는 현실 사회와 자기 이상의 차이 때문에 정신병을 앓고 '병식'을 잃는 천재도 있다. 조현병이 발병하고 남은 평생을 수용시설에서 산 독일의 시인 횔덜린Friedrich Hölderlin처럼 말이다.

조현병이 '병식이 결여된 병'이라고 단순하게 말할 수는 없다. 어쩌면 그들은 평범한 우리로서는 알 길이 없는 정상적인 부분이 있는 사람들일지도 모른다. 반면 다음 장에서 소개하는 게이이치로는 '우울증 같다', '기분이 가라앉는다'처럼 우리가 일상에서 종종 경험하는 흔한 감정에서 병식 결여가 시작된다. 그런데 누구나 느끼는 흔한 감정에서 발생했다고 해서 과연 내시나 횔덜린, 그리고 쇼코 어머니의 이상에 비해 정도가 가볍다고 할 수 있을까?

# 3장

# 불안에 사로잡힌 사람의
# 병적인 심리

## 잘나가는 국가공무원이 저지른 실수

"오늘 밤에도 답변 서류를 준비해야 되는군……."

모 관청의 국가공무원인 게이이치로는 올해로 공무원이 된 지 12년째다. 처음 공무원이 되었을 때는 '이 나라를 변화시킬 만한 일을 하겠다', '몇 년 뒤에는 국회의원이 되겠다'라는 뜨거운 희망으로 불타올랐다. 하지만 의욕이 넘치던 그도 인원 삭감과 국정 혼란 등으로 어수선한 요즘에는 일찍이 경험한 적 없는 피로를 느끼는 일이 잦아졌다. 국회가 열리는 시즌에는 질문에 대한 답변서 작성으로 눈코 뜰 새 없이 바쁜데, 예전만큼 의욕이 생기지 않는다는 느낌을 받을 때가 많다.

오늘 밤도 야근을 하느라 막차를 놓치고 택시를 탔다. 한산

한 주택가에 있는 관사로 돌아오니 아내가 만들어놓은 식사가 식탁 위에 차려져 있다. 퇴근을 하고 돌아오면 초등학생인 딸은 늘 자고 있는데, 최근에는 아내 또한 그의 귀가를 기다리지 않고 잠들어 있는 경우가 많아졌다. 어쩔 수 없다고 생각하면서도 자신의 고생을 몰라주는 것 같아 불만과 분노의 감정이 올라오기도 한다. 그런데 짜증을 낼 만한 시간적인 여유조차 없다. 내일 아침, 아니 열두 시가 넘었으니 벌써 오늘이 되었는데, 아침 여섯 시에 일어나 집을 나서지 않으면 안 된다. 수면 부족에는 이골이 난 상태다.

이처럼 눈코 뜰 새 없이 바쁜 생활을 이어가던 중에 작지만 생각지도 못한 사건이 발생했다. 게이이치로가 담당하던 사업의 중간 보고서를 정리해야 해서 표 계산 프로그램을 이용해 경비 정산 작업을 하는 일이 잦은 시기였다.

보고서는 표 계산 프로그램에서 나온 숫자를 워드 프로그램에 복사해서 제출해야 한다. 그런데 지금까지 사소한 실수 한 번 한 적이 없는 게이이치로가 이 복사 작업에서 엉뚱한 걸 붙여넣는 실수를 하고 만 것이다.

상사가 "숫자가 안 맞는 것 같은데?"라고 해서 자세히 들여다봤더니 자릿수가 전혀 맞지 않는 엉뚱한 숫자가 나열되어 있었다.

"다시 정리하면 되지, 뭐."

상사는 단순한 실수라며 수정을 지시했다. 사실 공적인 자리에서 자료를 배포하기 전, 확인 작업 중에 발견했기 때문에 업무상 치명적인 실수라고 할 것은 없었다.

하지만 이런 실수는 고등학교와 입시 학원에 다니던 시절에도 한 적이 거의 없는 실수였다. 게다가 공무원이 되고 난 뒤로는 학생일 때와는 비교도 할 수 없을 만큼 긴장하며 일하고 있다고 자부해왔다. 실수를 했다는 사실보다 스스로에 대한 신뢰감과 자신감이 크게 흔들린 것이 그에게는 더 큰 충격이었다.

하지만 충격을 받았다고 일을 느슨하게 할 수는 없었다. 그 전에는 계속해서 밀려오는 일에 대한 부담감을 잘 극복해왔는데, 이 사건이 터진 뒤로는 무슨 일을 할 때마다 '혹시 실수를 하진 않을까' 하는 불안감이 그를 옥죄어왔다. 국가의 방향성을 정하는 것이 국가 관료의 업무라는 사명감으로 과중한 업무를 버텨온 그는 처음으로 온몸이 짓눌리는 듯한 답답함을 느꼈다.

## 사소한 실수가 동기가 된 자살 미수

사소한 실수를 저지른 뒤에도 그가 담당하는 일의 양은 계속해서 늘었고 피로도 쌓여만 갔다. 게이이치로가 속한 부서의 업무가 계획대로 잘 진행되고 있지 않다는 속사정도 있었지만, 국정이나 경제 상황, 여론은 시시각각 변하기 때문에 관청 탓만 할 수도 없었다.

게이이치로는 서서히 이 모든 게 자신의 책임이라고 생각하게 되었다.

'혹시 그 실수가 방아쇠가 되어서 계획에 지장이 생긴 건 아닐까?'

'상사나 동료가 면전에 대고 실수를 지적한 적은 없지만 나중에 인사에 반영되진 않을까?'

반복해서 말하지만 게이이치로의 실수는 누구라도 범할 만한 수준의 사소한 것이었고, 조직에는 아무런 영향도 주지 않았다. 하지만 게이이치로는 자신의 실수에 대해 점점 심각하게 생각하게 되었다. 만약 그가 자신의 고민을 누군가에게 상담했다면 스스로 객관화할 수 있었을지도 모른다. 그렇지만 그것 또한 결과론이다. 게이이치로는 당시의 일에 대해 나중에서야 고백했는데 '너무나도 중대한 일이라고 생각했기 때문에 도저히 다른 사람에게 털어놓을 수가 없었다'고 한다.

사실 최근 두 달 정도 그는 제대로 잠을 이루지 못했다. 눈을 감고 가만히 누워 생각을 비워야 한다는 건 알지만, 어렵사리 잠에 들어도 꿈에서조차 업무 중에 숫자를 크게 잘못 계산하는 바람에 정치가와 국민에게 매도당하는 장면이 반복해서 나온다. 그러다가 상사가 "너 같은 건 죽어버려야 해!"라고 화를 내는 장면에서 깜짝 놀라 잠이 깨곤 한다. 온몸이 땀범벅이 되어서는 "또 꿈이네……" 하고 한숨을 내쉴 수밖에 없다. 현실과 구분이 가지 않을 만큼 생생한 악몽이라서 휴식을 취해야 할 밤에 오히려 더 피곤했다.

일을 할 때도 생기가 없고, 통근 열차에서 늘 하던 독서도 거의 할 수 없게 되었다. 제대로 된 휴일이라도 있었다면 가족들이 그의 변화를 눈치챘을까. 하지만 휴일 출근이 이어진 데다가 게이이치로의 아내가 주말에도 학부모 모임에 참가하느라 바빴기 때문에 가족끼리 느긋하게 시간을 보내는 일이 거의 없었다. 이런 불운이 겹치지만 않았더라도 그는 모두를 놀라게 할 극단적인 행동을 취하진 않았을 것이다.

게이이치로는 주말에 렌터카를 예약했다. 아내에게는 '지방 설명회 때문에 출장을 가야 해서 하루 동안 집을 비운다'고 거짓말을 했다. 지방 출장도 가끔 있는 일이기 때문에 아내는 크게 신경 쓰지 않았다. 평소에는 출장을 가기 한 달 전쯤 미리 알려 주는데 이번 출장은 갑작스럽다고 생각하는 정도로 대수롭지 않게 넘겼다.

게이이치로의 기억이 단편화되어 있어서 애매한 부분이 많지만, 경찰의 정보에 따르면 대강 다음과 같은 행동을 했다고 한다. 그는 점심 전에 집을 나선 뒤, 차로 두 시간 정도 떨어진 다른 현縣으로 향했다. 게이이치로가 4년 전에 파견 근무를 나갔던 지역이라 그에게는 익숙한 곳이다.

중심부에는 현에서 가장 큰 강이 천천히 흐르고 있는데, 그

강은 파견 근무를 하던 시절에 어린 딸을 데리고 가끔 놀러가던 추억의 장소다. 물살이 빠르지 않아 보이지만 자세히 들여다보면 군데군데 급류가 소용돌이치고 있다. 평소에는 온화한 얼굴인데 비가 내린 날에는 수량이 늘어나 '자주 넘치는 강'이라고 불릴 정도로 변화무쌍한 강이다.

늦가을이어서 날씨는 쾌청했지만 산책로가 없는 장소라 그런지 인적이 드물었다. 산책이나 낚시를 즐기는 사람이 있을 법도 한데 그날따라 아무도 없었다. 먼 곳을 바라보니 구름을 뒤집어쓴 산봉우리들이 게이이치로의 고민 따위 관심도 없다는 듯이 우뚝 솟아 있었다. 그는 다리의 끝자락, 햇볕이 들지 않는 어두운 강변에 차를 세우고, 신발을 가지런히 모아 차 안에 넣어둔 다음 미리 준비해두었던 유서를 신발 위에 올려놓았다.

정신을 차려보니 게이이치로는 차가운 강물에 빠져 물을 먹으며 괴로워하다가 우연히 강변 바위 밭에서 낚시를 하던 낚시꾼에게 필사적으로 도움을 요청하고 있었다고 한다. 물을 상당히 많이 먹었고, 다리에 찰과상을 입긴 했지만 의식은 있었다.

낚시꾼이 경찰에 신고해서 지역 경찰서에서 출동했다. 세 시간 정도 뒤에 몹시 당황한 모습으로 아내가 나타났고, 경찰은 근무처에 연락할 것과 병원에 갈 것을 권하고 귀가 허가를 내줬다.

집으로 돌아가는 길에는 아내가 운전을 했는데, 차 안에서 아내와 무슨 이야기를 했는지 그에게는 기억이 거의 없었다. 다만

한 가지 '이 일이 직장에 알려지면 어쩌지?', '그렇게 되면 내 경력은 끝장이다'라는 공포만 기억할 뿐이다.

이런 불안을 억누르려고 하는 사이에 점점 호흡이 거칠어지기 시작했다. 호흡을 멈추려고 해도 흉곽이 멋대로 움직였다. 이대로 갈비뼈가 떨어져 나가서 죽는 게 아닌가 하는 공포가 덮쳐왔다. 물이라도 마시면 나을까 싶었는데 손이 마비되어서 생수병조차 열 수가 없었다.

그때 눈이 휘둥그레져서 울 것 같은 표정을 한 아내의 얼굴이 보였다. 의지할 사람은 아내밖에 없다. 있는 힘껏 목소리를 짜내서 "어떻게 좀 해봐!"라고 소리쳤다.

"병원에 가요. 그것밖에 방법이 없어요, 여보."

마침 딸이 다니는 소아과가 있는 종합병원이 20분 정도 거리에 있었다. 이제 그곳에 맡길 수밖에 없다. 아내는 눈앞에서 벌어진 상황을 완전히 이해하진 못했지만 정신적인 문제일 거라는 예상은 막연하게나마 한 것 같다.

## 구급 병동에서의 문답

당시 내가 근무하던 종합병원은 내과 계통과 외과 계통의 진료과가 모두 모여 있는 그 지역에서 가장 큰 병원이었고, 응급 환자도 상당수 수용했다. 정신과 의사에게는 외래 진료뿐 아니라 자살 미수나 패닉 발작을 일으킨 환자에 대한 치료도 중요한 임무 가운데 하나다.

수요일은 다른 진료과에서 들어오는 상담을 받는 당직 날이었다. 급하지 않은 환자는 전자 진료카드로 진료 전날까지 정신과 예약을 잡게 되어 있다. 하지만 전날 밤에 실려 온 환자 중에서 진료가 시급한 경우에는 당직 의사에게 직접 전화가 걸려오는 경우가 많다.

오전 열 시가 되기 조금 전에 병원용 무전기가 울렸다. 마침 구급 병동의 아침 인수인계가 끝난 시각이었다.

"선생님이 봐주셨으면 하는 환자분이 계신데요……."

젊은 인턴이 긴장한 목소리로 환자에 대해 간략하게 설명했다. 간밤에 패닉 발작으로 응급실로 실려 왔는데, 이야기를 들어보니 그날 물에 빠져 죽으려고 했던 것 같다. 패닉 발작은 가라앉았지만 우울증의 가능성이 있는지와 정신과에서 검사와 진료를 해야 할지를 결정해줬으면 한다는 의뢰였다.

특별히 놀랄 만한 의뢰도 아니었다. 구급차로 실려 온 자살 미수자의 경우, 대형 종합병원에서도 정신질환이 의심된다며 정신과에 갑작스러운 진료나 대처를 요구하는 일이 흔히 있다.

전자 진료카드를 열어보니 미야자키 게이이치로에 대한 정보가 올라와 있었다. "현역 국가 관료로 신체적으로는 문제가 없다. 강에 들어가 자살을 시도한 뒤, 차로 병원을 향해 오고 있었는데, 패닉 발작이 심해지는 바람에 더이상 개인 차량으로 이동하는 것은 위험하다고 판단한 아내가 편의점 주차장에서 구급차를 불렀다. 구급차를 타고 나서는 패닉 상태가 어느 정도 진정되었지만 '우울증이 의심되는 언동'이 보인다"는 구급과 의사의 소견이 기록되어 있었다.

의사와 간호사가 발 빠르게 움직이고, 의료 모니터의 알람이 끊임없이 울리는 구급 병동은 의사인 나도 들어갈 때마다 긴장하게 된다.

게이이치로는 투명한 링거를 맞으며 4인실의 안쪽 침대에 누워 있었다. 침대 옆에는 아내가 굳은 표정으로 눈을 지그시 감은 채 고개를 푹 숙이고 있었다.

"정신과에서 온 니시다라고 합니다. 구급 병동 담당 선생님께 진료를 부탁받고 왔습니다."

정신과 의사가 진찰하러 온다는 이야기를 미리 전해들은 게이이치로의 아내는 "아, 오셨군요" 하며 그다지 놀라지 않은 표정이었다. 두 사람 모두 하루 이틀 사이에 몸도 마음도 피폐해진 탓도 있었을 것이다.

지금 현재 아픈 곳이 있거나 나른하진 않은지, 식사나 수면에 문제는 없는지 간단한 질문을 하니 게이이치로는 차분하게 답변을 했다. 이렇게 기본적인 질문이 끝난 다음에는 역시 자살 미수라는 중요한 이야기를 꺼낼 수밖에 없다.

"장소를 바꿔서 선생님하고만 말씀을 나누고 싶은데요."

별실에서 나와 게이이치로 단둘이서 대화를 나누게 되었다. 옆에 있는 환자가 듣지 않기를 바라는 마음이 들 만도 하다. 하지만 그것보다 나에게 전하고 싶은 무언가가 있다는 의지가 느껴졌다.

구급 병동에는 환자 가족에게 환자의 병세를 설명을 하기 위한 방이 마련되어 있다. 책상과 의자, 전자 진료카드용 컴퓨터밖에 없는 삭막한 방에 들어가 게이이치로는 나의 왼편에 힘없이 앉았다.

"그러면 본격적으로 이야기를 해볼까요? 게이이치로 씨는 왜, 어떤 기분으로 그런 행동을 하신 건가요?"

나는 그가 심문하는 것처럼 느끼지 않도록 부드러운 어조로 물었다.

게이이치로는 슬프고 불안한 듯한 표정을 지으면서도 단숨에 자기 이야기를 털어놓았다.

"저는 직장뿐 아니라 일본의 행정에까지 이루 헤아릴 수 없을 만큼 큰 손해를 끼치고 말았습니다. 저의 어처구니없는 실수 때문에 어쩌면 도산하거나 거리로 내몰려서 죽음을 맞은 사람이 있을지도 몰라요. 선생님은 잘 모르시겠지만 행정 시스템을 잘못 다루면 아주 사소한 실수가 눈덩이처럼 불어서 나타나거든요."

여기서 '설마 그런 일이 있기야 하겠냐'며 부정하는 것은 현명하지 못한 태도다. 하지만 그렇다고 내 표정에서 '그건 좀 과장 아닌가', '지나친 걱정이군' 하는 생각이 전혀 드러나지 않았다고 하면 거짓말일 것이다.

내 표정을 읽었는지 처음에는 조용하고 억양 없이 말하던 게이이치로의 목소리가 점차 격앙되었다.

"언론에서는 월급을 많이 받는다고 틈만 나면 공무원을 때립니다. 다만 이번 건은 제 실수가 분명한 데다가 그들이 딱 좋아할 만한 소재지요. 그렇다면 선수를 쳐서 텔레비전이나 신문에 대문짝만 하게 실릴 만큼 눈에 띄게 죽어야겠다고 생각했어요."

나는 여기서 이번 자살 미수 사건의 발단이 된 게이이치로의 '어처구니없는 실수'에 대해서도 물어보았다. 하지만 그는 "선생님은 모르실 겁니다" 하며 자세한 설명을 거부했다.

"지금 본인의 상태가 어떻다고 생각하나요?"

속으로 지금 게이이치로는 이런 질문에 대답을 못 할지도 모른다고 생각하면서 물었는데, 그는 분명하게 "저는 살 가치가 없습니다"라고 단언했다.

"제 생각에 게이이치로 씨는 입원해서 휴식을 좀 취하시는 편이 좋을 것 같습니다."

하지만 게이이치로는 입원을 단호하게 거절했다. 그 이유는 '입원하면 의사 선생님과 아내에게뿐 아니라 직장에도 민폐를 끼치게 된다', '나는 휴식을 취할 가치가 없다'는 것이었다.

"이대로 퇴원하면 그다음 어떻게 하실 생각인가요?"

내가 이렇게 물어보자 그는 미간을 찡그리며 "그냥 집에 가는 거죠"라고 대답했는데, 귀가 후에 스스로 어떤 행동을 할지는 전혀 생각해보지 않은 상태였다.

"저는 게이이치로 씨가 또 자살을 시도할까 봐 걱정입니다."

나는 또다시 자살을 시도할지 여부를 가리는 중요한 질문을 던졌다. 게이이치로는 쓴웃음을 짓더니 다소 비꼬는 투로 이렇게 말했다.

"나중 일이야 저도 모르죠."

그는 마음의 여유가 없는 듯 이 대답을 끝으로 입을 다물었다. 나는 게이이치로를 정신과 병동에 입원시키고 치료해야 한다고 확신했다.


## 원치 않는 정신과 입원 결정

게이이치로는 자신이 병적이라고 생각하지 않았고, 입원의 필요성도 이해하지 못했다. 하지만 이대로 입원하지 않고 통원 치료만 받는다면 자살을 시도할 위험성이 높고, 안전을 지키지 못할 수도 있다. 그런 위험한 상황일 경우에는 본인의 의지에 반하더라도 입원을 결정하는 일이 가능하다. '의료보호 입원'이라는 제도를 이용하는 것이다.

나의 의료적 판단과 더불어 아내의 동의를 얻으면 의료보호 입원이 성립된다. 나는 그의 아내에게 게이이치로가 망상을 동반한 우울증일 가능성이 농후하며, 입원해서 치료하지 않으면 직장으로 복귀하기는커녕 또다시 자살을 시도할 위험성이 높다고 설명했다.

아내는 망설이는 표정이었다. 남편의 자살 시도와 현재의 상태가 아직 믿기지 않는다는 반응이었다. 가족들이 이런 반응을 보이는 경우는 드물지 않다. 그의 아내도 하필이면 정신과의 도움을 받게 되었다는 실망감에 견디기 힘들었을 것이다. 애써 표정을 감추려 했지만 얼굴에 감정이 다 드러났다.

"최근에 피곤해 보이긴 했지만 일이 바빠서 그런 거라고, 조만간 고비를 넘길 거라고 생각했어요. 경찰에서 연락을 받고 얼마나 놀랐는지 몰라요."

아내가 이렇게 말할 정도니 마른하늘에 날벼락을 맞은 듯 당황하는 것도 어쩔 수 없다. 게다가 남들 시선이 있기 때문에 정신과 치료를 받는 일이 영 꺼림칙하리란 것도 이해가 간다. 게이이치로는 장래가 촉망되는 엘리트 관료인데, 그의 빛나는 경력이 이걸로 끝날지도 모르는 상황이 되었으니 말이다.

하지만 아내도 이대로 집에 돌아가기는 불안한 것처럼 보였다. 무엇보다 차 안에서 일으켰던 패닉 발작이 아내에게는 충격이었을 것이다. 나는 병동의 상황을 설명하면서 남편 외에도 비슷한 환자가 있음을 알리고, 당연히 장기 입원은 아닐 거라고 안심시킨 다음 만약 입원을 하지 않는다면 내일이나 모레 외래 진료를 받으러 오라고 말했다. 입원 외의 선택지도 있다는 사실을 알려주기 위해서였다.

아내는 다소 긴 침묵 끝에 곤혹스러운 표정으로 "부탁드리겠습니다"라고 하며 의료보호 입원에 동의했다. 동의라기보다는 소거법에 의한 선택이었다고 하는 것이 맞는 표현일지도 모른다.

나는 게이이치로에게 의료보호 입원을 하게 되었다고 이야기하고 치료의 필요성을 여러 차례 설명했지만 그는 '입원하지 않겠다'며 여전히 입원을 거부했다. 하지만 나의 설득에 격하게 저항하진 않았으며 마지못해서긴 했지만 1인실 병실에 입실했다. 그는 어두운 표정으로 누워서 그날 저녁 이후로 식사에 전혀 손을 대지 않았다. 아무리 말해도 '먹고 싶지 않다', '나는 살 가치가 없다, 그러니 먹을 필요도 없다'고 말하며 간호사의 거듭된 권유를 무시했다.

## 우울증 3대 망상과 잃어버린 병식

게이이치로의 진단명은 우울증이다. 더 자세히 말하자면 '정신병(망상)을 동반한 우울증'인데, 망상성 우울증이라고 부르는 편이 이해하기 쉬울 것이다.

우울증이라고 하면 '기분이 가라앉는다', '의욕이 생기지 않는다' 같은 가벼운 증상을 떠올리는 사람이 대부분일 텐데, 이런 우울감이나 의욕 저하는 우울증에 걸린 사람만 느끼는 게 아니다. 나를 비롯한 건강한 사람에게도 존재하는 자연스러운 마음의 움직임이다.

그런데 우울증 가운데 강하고 확고한 망상을 동반하는 유형이 있다는 사실은 의외로 알려져 있지 않다. 망상성 우울증 환자는 망상에 집착하기 때문에 치료가 필요하다는 의사나 가족의 설득에도 좀처럼 응하지 않고, 의료진의 집중적인 치료를 받을 수 있는 입원을 거부하는 경우가 많다. 병원에 근무하다 보면 게이이치로 같은 망상성 우울증 환자를 종종 만나게 된다.

그렇다면 망상성 우울증 환자는 얼마나 될까? 스탠퍼드 대학 연구팀에서 유럽 5개국 1만 8980명을 대상으로 한 유병률 조사에 따르면 망상성 우울증은 0.4퍼센트였으며, 우울증 환자의 18.5퍼센트가 망상에 빠진다고 한다. 즉, 약 20퍼센트 정도 우울증에서 망상이 나타난다는 결론이다.

망상성 우울증은 중증이며 직장생활이나 일상생활 등에서 사회기능이 저하되기 쉽다. 불안감, 불쾌감, 초조감을 동반하는 경우가 많고, 자살의 위험성도 높다.

'3대 망상'이라고 불리는 '죄업 망상', '빈곤 망상', '건강 염려 망상'은 아주 오래전부터 우울증 환자에게 빈번하게 나타나는 망상으로 알려져 왔다. 현대의 임상 현장에서도 역시 환자들이 이 세 가지 종류의 망상을 보이는 경우가 많다.

'죄업 망상'은 그야말로 게이이치로가 사로잡혀 있는 망상이라고 할 수 있다. 그들은 '나는 돌이킬 수 없는 실수를 했다'고 말하며 자신이 도덕적 또는 윤리적으로 무거운 죄를 지었기 때문에 벌을 받을 거라고 확신한다. 그런데 우울증이 유발하는 죄업 망상에서는 그 죄가 과거에 저지른, 굳이 언급할 필요도 없을 만큼 사소한 잘못인 경우가 대부분이다.

자신의 과실이나 무능력 때문에 자신을 비롯한 가족 모두가 곤궁해질 거라고 확신하는 '빈곤 망상'도 의료 현장에서 종종 접하게 된다. '파산했기 때문에 의료비를 지불할 수 없다'는 식으로 우기면서 치료를 거부하는 것이 그 전형적인 행태다.

'건강 염려 망상'이란 자신이 어떤 병에 걸렸다고 확신하는 망상이다. 어떤 이는 '나는 틀림없이 폐암이다'라고 주장하며 몇 번이나 검사를 하고, 폐암이 아니라는 결과를 보고도 납득하지 못해서 의사를 곤란하게 한다. 자신의 건강과 생에 대한 과도한 집착이 망상 수준의 강한 확신에까지 이른 상태이다.

'3대 망상'은 자신을 도덕적, 신체적, 경제적 면에서 부당하게 낮게 평가하는 망상이기 때문에 '미소 망상微小妄想'이라고 불리기도 한다. 이와 같은 망상에 사로잡히면 자신이 느끼는 불안이나 공포뿐 아니라 주위에 대한 불신과 경계, 이해받지 못하는 데 대한 초조감과 분노가 늘어난다. 감정 상태가 이러니 자살 미수나 타해 사건을 일으킬 위험성이 높은 것도 어쩌면 당연하다.

게이이치로는 '나는 무가치하다'라는 미소 망상에 빠져 있었다. 만약 자신이 이상하다는 사실을 조금이라고 인식할 수 있었다면 물에 빠져서 죽으려는 행동까지 하진 않았을 것이다.

그렇다면 어째서 망상은 자신의 이상을 눈치채지 못하게 하고 질병에 대한 인식, 이른바 병식을 잃게 하는 것일까?

## 건강한 척 위장하는 질환 은폐의 심리

동료나 친구뿐 아니라 아내조차 게이이치로의 이상을 눈치채지 못한 데에는 어떤 이유가 있었을까? 그 수수께끼를 풀 열쇠는 망상성 우울증 환자가 쉽게 빠지는 부정적인 자기평가에 있다.

일반적인 우울증 환자는 '왠지 모르게 기분이 가라앉는다', '의욕이 생기지 않는다'고 느끼는 것과 동시에 별다른 이유 없이 몸이 무겁고 무기력한 느낌이나 식욕 저하, 불면에 시달리게 마련이다. 이러한 징후는 일반적으로도 잘 알려져 있고, 이와 같은 증상이 나타나면 스스로도 '이건 어쩌면 우울증일지도 모른다'고 인식하기 쉽다. 따라서 누군가에게 상담을 하거나 경우에 따라서는 스스로 병원을 찾는 행동을 취할 수 있다.

반면 게이이치로가 고민한 치욕감이나 죄책감, 자책감, 후회 등 부정적인 자기평가는 이상하다고 인식하기가 어렵다. 자기 스스로에 대한 평가가 어느 순간부터 부정적으로 변하면 자기도 모르는 사이에 그 감정에 잠식당해서 병적인 변화로 느끼지 못하기 때문이다.

'미소 망상'에서 '微小'(미소)라는 한자를 살펴보면 작게 뭉쳐 있다는 인상을 받을 수도 있지만 사실 미소 망상은 '과장'하는 측면도 있다. 게이이치로가 '뉴스에 나올 만큼 눈에 띄는 방법'을 노려서 자살을 기도한 것이 그 일례다.

더 구체적으로 이야기하면 '부정적인 과장성'을 들 수 있다. 죄업 망상 환자는 자신의 무가치함을 소리 높여 표현한다. 빈곤 망상 환자는 빚이나 파산을 보란 듯이 고뇌한다. 건강 염려 망상 환자는 의사가 난감해할 정도로 병에 대해 걱정한다. 이러한 과장성의 원동력이 되는 것은 생존에 대한 불안이라고 할 수 있다. 3대 망상이 생존에 필요한 '경제력', '건강', 그리고 자기 자신의 '생존 가치'를 주제로 한다는 사실에서도 그들의 망상에는 눈에 띄는 불안이 존재한다는 점이 확인된다.

어쩌면 '그렇게 심각하게 불안해하면 자신의 이상을 깨달을 만도 하지 않느냐'고 지적하는 사람이 있을지도 모른다. 그런데 여기에는 자신의 이상과 질환을 은폐하는 심리가 작동한다. 이를 '질환 은폐'라고 부르는 전문가도 있다.

'질환 은폐'란 병을 감추고 건강한 척 가장하는 일을 말한다. 게이이치로의 이변을 주위 사람들이 눈치채지 못한 것도 그가 '질환 은폐'를 잘했기 때문이다. 자신의 고민, 아니 정확히 말하자면 미소 망상을 한사코 숨긴 이유는 그것이 상담하기 어려운 주제였기 때문만이 아니라 동시에 '사람들에게 정신병자 취급을 받고 싶지 않다'는 심리가 작용했기 때문으로 추측된다. 다만 이는 악의가 있어서가 아니라 '나의 무능이 알려지면 좌천되고 말거야', '정신병이라는 사실을 알면 아내가 날 떠날지도 몰라' 하는 두려움 때문인지도 모른다.


## 항우울증 약 투약기

그 후 게이이치로는 한 달 만에 무사히 퇴원하여 지금은 직장에 복귀했다. 회복도 현재로서는 순조롭다.

입원 당시에는 식사를 하지 않았기 때문에 탈수 같은 신체적인 문제가 발생할 가능성이 있었다. 게다가 입원하기 석 달 전부터 이미 체중이 빠지고 있던 상태라 영양 면에 대한 처치가 급선무였다. 그는 수분과 영양분을 보충하는 링거는 포기한 듯한 표정으로 말없이 맞았지만 질병에 대한 이해가 부족했기 때문인지 항우울증 약 복용은 예상했던 대로 '약은 필요 없다', '쓸데없는 짓이다'라며 완강히 거부했다.

망상성 우울증은 휴식을 취하는 것만으로는 개선되지 않는 경우가 많다. 자살을 할 위험성도 크기 때문에 느긋하게 대처하면 사고가 날 수 있다. 따라서 초기 단계에서는 항우울증 약을 이용한 치료가 반드시 필요하다. 우울증이 경증일 때는 정신요법이나 인지행동요법 등 약을 사용하지 않는 치료가 효과적이지만, 강한 망상을 보이는 중증일 경우에는 이런 방법으로는 완치를 기대하기 어렵다. '모든 우울증은 약 없이도 치료된다'고 큰소리 치는 의사는 경증 환자만 대하고, 중증 환자는 만난 적이 없는 의사일 것이다.

그래서 게이이치로에게는 링거로 항우울증 약을 투여하게 되었다. 일반적으로 사용되는 항우울증 약 중에서 단 한 종류만 링거로 투약이 가능하다. 링거 치료는 부정맥 같은 부작용이 발생할 우려가 있어서 특히 논문을 통해 입증된 치료법을 선호하는 최근의 정신의학자들 사이에서는 평가가 좋지 않다. 하지만 게이이치로의 아내가 또 다른 치료 수단인 전기경련요법에 강한 난색을 표했기 때문에 링거 투약은 어쩔 수 없는 선택이었다.

게이이치로에게 링거로 약제를 투여한다고 설명하자 "싫습니다", "그냥 좀 내버려 두세요"라며 거부했다. 그렇지만 될 대로되라는 듯 링거 바늘을 빼는 식의 행동은 하지 않았다. 그가 동의했다고 하기에는 애매한 '묵인'이라는 태도를 취하는 사이 치료가 진행되었다.

닷새쯤 지나자 '엄청난 실수는 아니었을지도 모른다', '나 한 사람 자살한다고 언론이 떠들썩할 것 같진 않다'라고 말하며 망상에 대한 확신이 엷어진 게 보였다. 식사도 서서히 하기 시작했고 간호사와도 잡담을 나눌 정도로 건강이 회복되었다. 일주일 뒤에는 '약을 먹어 보겠다'는 의사 표시를 했고 그때부터는 링거를 중단하고 먹는 약으로 전환했다.

안정된 상태를 보여서 6인실로 옮겨간 게이이치로에게 다음과 같은 질문을 던졌다.

"힘들었을 때 의사와 상담해봐야겠다는 생각은 들지 않았나요? 게이이치로 씨처럼 머리가 좋은 사람이라면 우울증에 대한 지식도 어느 정도 있었을 텐데요. 잠이 안 온다거나 머리가 안 돌아간다거나 사실 여러 가지로 일상생활에서 곤란을 겪었을 듯해서요."

게이이치로는 만지작거리던 스마트폰을 내려놓고 침대 위에서 자세를 바로잡은 다음, 쓴웃음을 지으며 이렇게 답했다. "그

때는 그런 생각이 전혀 안 들었어요. 지금 돌이켜보면 병원에 일찍 와볼 걸 그랬다고 후회가 되긴 하죠."

게이이치로는 퇴원 후 본인의 희망으로 직장 근처의 정신과 의원으로 옮겨가 치료를 계속 받기로 했다. '그런 생각이 전혀 안 들었다'는 말은 당시 게이이치로의 '병식 결여'를 명확하게 표현하는 말이다.

우울증이라도 이처럼 망상에 사로잡히고 병식이 없으며 '질환 은폐' 경향까지 있는 환자는 자신의 생각을 굽히지 않고, 자살할 위험이 높다. 게이이치로의 경우에는 다행히 항우울증 약을 링거로 투여하는 치료가 잘 들었고 부작용도 없었지만 약의 효과가 나타나지 않거나 부작용이 생기는 등 약물 투여가 어려워진 경우에는 다른 치료법을 검토할 필요가 있다. 주로 종합병원에서 시행되는 '수정형 전기경련요법'은 머리에 전류를 흘려보내는 치료법인데, 전신마취를 한 상태에서 마취과 의사의 관리 감독하에 실시되기 때문에 효과적인 동시에 안전성도 높은 치료 방법이다. 하지만 '전기 쇼크'라는 부정적인 이미지와 편견 때문인지 언론에서도 잘 소개되지 않아 인지도가 좀처럼 올라가지 않는 것이 유감스럽다. 이것도 본인을 비롯한 가족이 거부하면 실행할 수 없어서 제한성이 있는 치료 방법이다.

우울증은 텔레비전이나 인터넷에서 자주 언급되지만 앞에서 소개했듯이 일반적으로는 잘 알려지지 않은 측면이 있다. 다음 장에서는 현대 정신의학이 우울증을 다루는 데 어떤 문제점이 있는지 살펴보려고 한다.

별 탈 없이 일하던 사람이 어느 순간부터 태도가 점점 건방지게 변하더니 직장 동료뿐 아니라 상사와 심한 충돌을 반복하게 된 사례다. 어쩌면 당신 주위에도 이런 사람이 있을지 모른다. 혹은 배우자나 가족과 별다른 이유 없이 크게 싸우는 일이 잦아진 사람이 있을 수도 있다.

다음 장에 등장하는 데쓰야는 게이이치로와 나이가 비슷하다. 그는 국제적인 규모의 유명한 외국계 손해보험회사의 과장으로 업무 처리와 교섭 능력을 높게 평가받는 유능한 인물이다. 하지만 갑자기 회사에서 사고를 치는 바람에 지방 발령을 받았다. 이 사고 시기는 그야말로 잘나가던 데쓰야가 '자신의 이상'에 대한 깨달음, 즉 병식을 잃었던 시기와 완벽하게 일치한다. 게다가 쇼코 어머니나 게이이치로를 치료할 때는 도움이 되었던 정신의학이 오히려 그의 상태를 악화시키면서 사태가 더욱 복잡해졌다.

# 4장

# 스스로 대단하다고 느끼는
# 비정상적인 하이텐션

## 케이스 콘퍼런스에 등장한 새로운 환자

대학병원에서는 일주일에 한 번 케이스 콘퍼런스가 열린다. 교수를 필두로 한 의료진과 레지던트, 임상 실습 중인 의대생이 한자리에 모여 주로 치료에 어려움을 겪고 있는 환자에 대해 토론한다. 담당 의사가 환자의 증상을 발표한 다음, 환자가 콘퍼런스룸에 들어와 교수와 직접 면담을 한다. 그런 다음 의료진이 치료 방침을 논의하는데, 진단과 치료의 재검토, 추가 검사 등 치료 방법을 놓고 제3자들이 의견을 모은다.

과거에는 이를 두고 의학 교육을 위해 환자를 '구경거리'로 만든다는 부정적인 인상을 받는 사람이 많았기 때문에 지금도 참석을 거부하는 환자가 있다. 여러 의료 관계자와 학생 앞에서 문답을 해야 하기에 불안감이 높은 환자는 오히려 상태가 악화되기도 한다. 따라서 당연히 강제적으로 참가를 요구하진 않는다. 하지만 케이스 콘퍼런스는 환자에게도 분명 도움이 되는 행사다. 왜냐하면 의대생을 위한 교육적인 목적만 있는 게 아니라 임상 경험이 풍부한 제3자에게 증상을 확인받을 수 있고, 의료 관계자끼리 정보를 공유한다는 의미도 강하기 때문이다.

이번 주에는 반년 전에 우울 상태로 입원한 데쓰야의 치료 방침에 대해 토론하게 되었다. 동료 의사인 엔도 선생이 그를 1년 정도 담당했는데, 외래 진료로는 상태가 좀처럼 호전되지 않자 데쓰야 본인이 속을 끓이다가 결국 집중적인 검사와 치료를 받게 해달라고 요구한 것이 입원을 하게 된 경위라고 한다.

대학병원에는 '의사 휴게실'이라는 장소가 마련되어 있다. 의사들이 커피나 차를 마시면서 잡담을 나눌 수 있는, 야구에 비유하자면 더그아웃dugout 같은 곳이다. 그곳에서 엔도 선생과 대화하던 중에 우연찮게 데쓰야 이야기가 나왔다.

"지난주에 입원한 환자(데쓰야) 말인데요, 좀 힘들어요."

약삭빠른 엔도는 항상 잡담을 섞어가며 선배의 의견을 구하곤 한다. 이번에도 살짝 곤란하다는 표정을 지으면서 의사 경력으로는 고작 3~4년 정도 밖에 차이가 나지 않는 나에게 의견을 물었다.

"상당히 요구가 많아요. 상태가 약간 호전된 것처럼 느껴질 때

도 있는데 매번 '이 상태로는 회사 업무를 따라갈 수 없다', '예
전에는 머리 회전이 좀 더 빨랐다'고 투덜거린다니까요?"

"업무를 따라갈 수 없다니, 무슨 회사에 다니는데?"

"손해보험회사에 다녀요. 사고 처리 같은 일도 힘든 게 많을
텐데, 무엇보다 고객을 확보해야 치고 올라갈 수 있다고 중얼거
리더라고요."

데쓰야의 회사는 누구나 한 번쯤은 이름을 들어봤을 법한 외
국계 손해보험회사다. 아마도 회사 안에서 유능한 인재끼리 치
열한 경쟁을 벌이나 보다.

"일이 힘든 건 사실 아니야?"

"그렇겠죠. 컨설턴트회사에서 스카우트되어서 중간에 입사하
기도 했고요. 그래서 더 성과를 요구받는 거 같아요."

"그런데 약이 안 듣는 거야?"

약물 치료에 대해 물어보자 그때까지 여유롭던 엔도의 표정이
단박에 어두워졌다.

"이것저것 시도해봤는데, 도무지 약이 듣지를 않아요. 머리가
무거워진다고 본인이 싫어하기도 하고요. 제가 봐도 효과가 없
었어요. 그래서 불안한 마음에 입원을 요청한 듯해요."

바로 그때 내 무전기가 울려서 엔도와의 대화는 일단 중단되
었다. 이 대화로 케이스 콘퍼런스가 열리기 전에 데쓰야를 치료
하는 데 어떤 어려움이 있는지를 대략적으로 알아둘 수 있었다.

## 불편한 병동 생활

무전기는 정신과 병동의 간호사가 울린 것이었다. 부족한 상비용 수면제를 처방해달라는 사소한 용건이었다. 간호사 카운터에서는 창문 너머로 병동의 공용 거실을 볼 수 있다. 남쪽으로 난 밝고 넓은 방인데, 입원 환자는 그곳에서 식사를 하거나 텔레비전을 보며 휴식을 취한다.

컴퓨터로 처방전을 쓰며 공용 거실을 바라봤더니 다른 환자와 담소를 나누지 않고, 구석에서 굳은 표정으로 독서를 하고 있는 30대 후반으로 보이는 남성이 있었다. 나는 그가 데쓰야라는 사실을 금방 알아차렸다. 매일 병동에서 일을 하다 보면 입원 중인 환자의 얼굴과 이름을 금방 맞추게 된다.

그는 이목구비가 뚜렷한 얼굴에 다소 몸집이 작았지만 적당하게 근육이 붙어서 단단해 보였다. 얼굴은 아토피 피부염 때문에 좀 불그스레했지만, 표정은 생기를 잃지 않았고, 번득이는 눈빛에서 강한 강박이 느껴졌다. 고개를 숙이고 있어서 어떤 책을 읽는지는 알 수 없었지만, 얼핏 보기에 유능한 비즈니스맨 같다는 인상을 받았다. 평일 낮부터 트레이닝복 차림이라는 점만 빼면 말이다.

"저 사람 좀 신경을 곤두세우고 있는 것 같네요."

마침 옆에 있던 간호사 오카와가 말을 걸었다. 그녀는 나이가 많지 않았지만 환자에 대한 날카로운 관찰력으로 베테랑 의사를 놀라게 할 때가 있다.

"원래 일을 잘하던 사람이라 그런 거 아닐까?"

떠오르는 대로 말하긴 했지만, 내가 담당하는 환자가 아니기 때문에 무난하고 진부한 대답이었다. 오카와 간호사는 내 말은 그냥 흘려보내고 이렇게 덧붙였다.

"지난번에 야근을 할 때 (데쓰야 씨가) 옆자리에 있는 기타자와 씨가 투덜거리는 소리랑 헛기침하는 소리 때문에 시끄러우니까 어떻게 좀 해달라고 그러더라고요. 큰 병실이니까 흔히 있는 일이긴 해요. 그런데 나중에 병실을 한 바퀴 돌면서 보니까 데쓰야 씨가 일부러 헛기침을 하고 있더라고요. 기타자와 씨한테 당신도 똑같이 당해보라는 듯이요."

병동의 6인실에서는 같은 병실을 쓰는 환자끼리 다툼이 자주 벌어진다. 코골이는 싸움의 단골 소재인데, 사소한 생활습관이나 사고방식의 차이로 흡사 이웃 간의 분쟁에 가까운 일도 가끔씩 일어난다.

"기타자와 씨랑 다른 방으로 배정하는 게 좋을까? 새로 방 배정을 하려면 힘들겠네."

"그러게요."

담당 의사가 아닌 내가 남 얘기하는 듯한 말투로 말해서인지 밀린 업무 때문인지는 모르지만, 오카와 간호사는 영혼 없는 대답만 하고는 다시 기록 작업을 이어갔다.

데쓰야와 얼굴을 마주 보고 이야기를 했다면 나도 상당히 긴장을 해야 할 것 같은 느낌이었다. 그의 표정은 줄곧 언짢아 보였다. 기분이 침체되어 있을 뿐 아니라 잠도 제대로 못 잔 것 같았다. 공용 거실에서 책을 읽는 것이 현재로서는 그가 할 수 있는 최선의 지적知的 작업인지도 모른다. 데쓰야의 표정에서는 상태가 좋지 않는 자신에게 만족하지 못하겠다는 살기를 띤 안타까움이 전해졌다. 이 초조함, 언짢음의 이유에 대해서는 아마도 케이스 콘퍼런스에서 밝혀질 것이고, 그것을 분명하게 밝히지 않으면 데쓰야의 회복은 기대하기 어려울 것이다.


## 파란만장한 인생


케이스 콘퍼런스는 병동 안에 있는 콘퍼런스룸에서 진행된다. 남향인 병동에는 빛이 충분히 들어와서 병실 창문을 통해 아득하게 저 멀리 눈 쌓인 산맥이 한눈에 들어온다. 하지만 직원들이 사용하는 이 방은 병원 건물에 가로막혀 햇살이 들어오지 않기 때문에 언제 들어와도 어두컴컴하고 음산하다.

콘퍼런스는 매주 화요일 오후에 시작되는데, 오전 외래 업무가 점심때까지 이어지는 경우가 많은 나는 항상 30분 정도 늦게 들어가곤 했다. 다행히도 그날은 오랜만에 점심 전에 외래 진료가 끝나서 시작 시간에 맞춰 콘퍼런스룸에 갈 수 있었다.

이 대학의 정신의학 수업을 담당하는 야마구치 교수는 환갑에 가까운 베테랑 임상가다. 학술적인 연구 실적보다는 진료와 교육, 경영 실적을 높이 평가받아 교수직에 앉은 인물이다. 정치적인 행동을 잘하는 만큼 만만치 않은 성격이지만 진료와 치료에 관한 한 실력 있는 의사임이 틀림없다.

내가 시간에 맞춰 들어갔을 때 야마구치 교수는 이미 콘퍼런스룸 앞쪽 책상에 앉아 관계자들의 입실을 기다리고 있었다.

"오늘은 빨리들 모이지를 않는군. 지각은 학생도 하면 안 되는 건데." 의대생과 레지던트에게 던지는 가벼운 농담에서도 임상가로서의 풍부한 경험과 자신감, 여유가 엿보였다.

토론을 좋아하는 교수들 성향 탓에 지연되기 쉬운 콘퍼런스의 진행은 나의 2년 선배이자 병동 관리를 맡고 있는 나라 선생의 몫이다.

"시간이 되었으니 첫 번째 환자부터 시작하겠습니다."

나라 선생의 사회로 콘퍼런스가 시작되었다. 데쓰야의 주치의인 엔도 선생과 엔도 선생 밑에서 데쓰야의 진찰을 돕는 레지던트 다무라는 야마구치 교수 앞에 앉아서 자료를 발표했다.

콘퍼런스 참가자들은 이미 데쓰야의 현재 상태와 과거사, 병력을 정리한 자료를 받았다. 긴장한 다무라의 더듬거리는 발표를 듣느니 자료를 훑어보는 편이 훨씬 이해가 빠르다.

데쓰야의 현재 상태를 요약하면 다음과 같다. "기분이 가라앉는다, 어떤 일에도 흥미나 관심이 생기지 않는다, 의욕이 없다. 식욕이 없고 수면도 만족할 만한 상태가 아니다, 상사에게 질책을 받을 만큼 업무 소화력이 떨어졌다." 최근 몇 년 동안 치료를 받아왔지만 거의 나아지지 않았기 때문에 입원은 어쩔 수 없는 선택이었던 것 같다.

그의 증상보다 눈길을 끈 것은 학창 시절 이후의 화려한 경력이다. 그는 도쿄의 유명 사립대학을 졸업했다. 재학 중에 이미 인터넷 관련 사업을 시작했고, 회사를 2년 만에 대기업에 매각하면서 그럭저럭 괜찮은 수익을 냈다.

졸업 후에는 대형 통신사에 입사했는데, 3년 만에 그만뒀다. 그 이후에는 세 번 이직했다고 이력이 기재되어 있었다. 그중 두 군데는 이름이 꽤 알려진 외국계 컨설턴트회사였다. 자료를 보면서 데쓰야가 유능한 사람이라는 생각과 동시에 이직을 반복하면서 단계적으로 자기 몸값을 올리는 미국식 라이프 스타일로 살아왔다는 생각이 들었다. 그런데 마지막으로 일한 컨설턴트회사는 1년이 채 안 되어서 그만두고, 지금의 손해보험회사로 옮겨갔다. 게다가 손해보험회사에서도 이직하고 얼마 되지 않아 본사에서 지방 발령(실제로는 좌천일 것이다)을 받았다. 나이가 들어갈수록 현실 적응 능력이 떨어지는 모습을 보였다.

직장 경력과 달리 사생활에 대한 정보는 거의 알려진 게 없었다. "어머니는 이미 사망, 이혼 경력 있음"이라는 한 줄만이 무미건조하게 쓰여 있었을 뿐이다. 아마도 마음이 약한 다무라가 데쓰야의 눈치를 보느라 물어보지 못한 듯하다. 그 부분은 지도 교수로서 외래 진료로 데쓰야를 오랫동안 봐온 엔도 선생이 그를 도와줄 것이다.

다무라가 준비한 발표가 끝났다. 미리 준비한 자료를 그대로 읽는 데 그쳤지만 말이다. 담당 레지던트의 발표 뒤에는 교수들의 가차 없는 질문 시간이 기다리고 있다.

"병동에서는 어떻게 지내고 있지? 혼자서 물건을 사러 갈 정도는 되나?"

"네, 그 정도는 할 수 있습니다. 입원한 사람답지 않게 일상생활은 별문제가 없는 편입니다."

"책도 읽을 수 있는 건가? (자료를) 보니까 지적 능력이 상당히 뛰어난 사람 같은데."

"주로 경제나 경영 관련 책을 읽는 듯합니다."

"머리에 들어오는지 아닌지는 본인한테 물어보지 않으면 모르지. 밤에 잠은 잘 자고 있나?"

"약은 조절하고 있는데, 밤에 자다가 몇 번씩 깨서 낮에 졸린 경우가 많다고 합니다."

환자의 현재 상태를 확인하는 일은 기본이지만 증상 체크만으로는 병의 상태를 정확하게 파악할 수 없다. 특히 치료에 난항을 겪고 있는 환자의 경우, 지금까지의 인생, 이른바 개인사에 대한 정보와 해석이 반드시 필요하다.

"어머니는 젊어서 돌아가셨다고?"

"환자가 중학생 때였으니까 어머니는 40대 후반 정도였던 것 같습니다."

"사망 원인은 물어봤나?"

"아니요……, 아직입니다."

"본인은 그다지 말하고 싶어 하지 않는데, 교통사고로 돌아가셨나 봅니다. 그런데 사고에 대해서는 상당히 석연치 않은 점이 있었던 듯합니다."

역시 엔도 선생이 도움을 주었다.

"무모한 운전에 의한 자살 가능성도 있다는 거군."

독백을 하듯 중얼거린 야마구치 교수는 다음 질문을 던졌다.

"직장을 상당히 많이 옮겨 다녔군. 뭐, 외국계 회사에 다니는 유능한 사람들은 더러 이렇게 경력을 쌓기도 한다지만……. 이직 이유는 물어봤나?"

다무라는 이 주제에 대해서는 환자와 시간을 들여 대화를 나눈 적이 있는지 자신감을 되찾은 표정으로 답변을 했다.

"이직한 회사에서는 아침부터 밤까지, 게다가 휴일에도 나가서 일을 했다고 합니다. 그런데 외국계 회사는 성과를 중요시하기 때문에 억지로 한 것이 아니라 본인 스스로 엄청나게 몰두해서 열심히 했던 모양입니다. 당연히 좋은 평가를 받고, 특별 보너스로 고급 외제차를 산 일도 있다고 합니다."

"그럼 과로나 수면 부족으로 기진맥진했던 건 아니로군."

"이때는 머리도 잘 돌아가고 아무리 힘든 일을 해도 피곤한지 몰랐다고 하더군요. 그러고 보니 이 시기에 결혼을 했습니다."

"이혼했다고 쓰여 있는데, 결혼 생활은 몇 년 했지?"

"……"

"2년 정도였습니다. 자세한 이유까지는 저도 아직 파악하지 못했습니다."

엔도 선생은 이혼 이유를 물을 정도로는 데쓰야와 심리적 거리감을 좁히지 못한 모양이다.

"상태 변화는 어떻지? 계속 우울 상태가 계속되고 있나, 아니면 기복이 있나?"

"이직한 다음 어느 정도 시간이 지나면 주위 동료들과 관계가 틀어지는 경우가 많았나 봅니다. 그 회사 특유의 문화나 관습에 익숙해지지 못하거나, 본인 생각에는 참신한 개혁안을 제시했는데 오히려 그것 때문에 주위에서 붕 뜨게 되는 식으로요. 그렇게 잘나가다 주저앉기를 반복하는 경향이 계속 나타났습니다."

"상태 반응성 같군."

야마구치 교수는 '진단이 야무지지 못했다'고 말하는 듯이 순간적으로 쓴웃음을 지었지만 금세 평소의 엄격한 표정으로 돌아왔다.

"빨리 손을 써야 할 텐데……. 약물 요법은 어땠나? 자료를 읽어보면 항우울증 약은 그다지 효과가 없었던 것 같은데."

"그렇습니다. '조금 효과가 있었나? 건강해졌나?' 싶은 때도 있었는데, (약의 효과는) 오래가지 않더군요. 컨디션이 살짝 안 좋아졌다가도 이직하면 또 컨디션이 조금 좋아졌기 때문에 판단하기 어려운 듯합니다."

"확실한 약효는 확인할 수 없었다는 건가?"

야마구치 교수는 눈을 조금 크게 뜨고 엔도 선생을 바라보며 물었다. 애초에 항우울증 약이 잘 들었다면 데쓰야가 입원할 일은 없었을 것이다. 무언가가 그의 회복을 방해하고 있다.

"그렇군. 그러면 환자를 들어오게 하지."

야마구치 교수는 잠에 취해 있는 나라 선생의 사회를 기다리지 않고, 담당 의사에게 직접 환자의 입실을 지시했다.

## 갑작스러운 자살 의사 표명

데쓰야가 등장하길 기다리는 동안 별다른 토론을 하지 않았기 때문에 긴 침묵만이 이어졌다. 데쓰야가 다무라 선생을 따라

들어왔을 때는 드디어 침묵에서 벗어났다는 해방감이 콘퍼런스 룸 전체를 감돌았다.

하지만 그 해방감도 잠시뿐이었다. 데쓰야는 분명히 긴장한 표정이었지만 위축된 모습은 아니었다. 데쓰야의 두 눈은 요즘 말로 표현하자면 살아 있었다. 경계하는 듯한 시선으로 의료 관계자들을 한 바퀴 둘러본 것은 이처럼 '이목이 집중되는' 모임에 대한 반발이 있었기 때문인지도 모른다.

"교수인 야마구치라고 합니다. 치료 방침을 검토하기 위해 입원한 환자분은 한 분도 빠짐없이 이 자리에 모시고 있습니다. 불편하지 않은 범위 내에서 답변해주십시오."

면담을 하기에 앞서 야마구치 교수는 늘 하는 의례적인 인사말을 건넸다. 데쓰야는 무뚝뚝한 표정이긴 했지만 "잘 부탁합니다"라고 답례를 했다.

젊은 의사가 면담을 하면 정보 수집에 치중한 나머지 자칫 경찰이 취조하는 분위기가 되기 쉬운데, 야마구치 교수의 면담에는 치료를 위한 배려가 충분히 담겨 있었다.

그는 환자의 괴로운 상황에 철저하게 공감하고, 환자에게서 최대한 이야기를 끌어내려고 한다.

"그렇다면 일이 손에 안 잡혔겠네요. 지금 본인의 상태에는 전혀 만족하지 못하시겠어요."

"당연하죠. 과거의 저와 비교하면 갑자기 머리 회전이 딱! 하고 멈춘 거나 마찬가지니까요."

"엔도 선생과 다무라 선생에게 들은 바로는 외국계 기업은 성과주의라서 힘든 것 같더군요. 하지만 데쓰야 씨는 여러 회사에서 어려움을 극복해오셨잖아요. 굉장히 유능한 분이니까 가능한 일이 아니었나 싶은데요."

"그렇지 않습니다. 저보다 일을 잘하는 사람도 있는걸요. 다만 '어째서 이렇게 무능한 녀석이 여기 있는 거지?' 하는 생각이 들게 하는 이도 상당히 많았습니다. 이러니 저러니 해도 연줄로 들어온 직원도 있으니까요."

"참는 일도 많았습니까?"

"대부분 참긴 했습니다만, 상당히 격한 말다툼을 벌인 적도 몇 번 있습니다."

진공청소기가 먼지를 빨아들이듯 데쓰야의 말을 받아들이는 야마구치 교수의 솜씨는 역시 노련했다.

"그런 알력도 이직을 하게 된 원인 중 하나였을까요?"

데쓰야는 자신보다 스무 살 이상 많은 권위 있는 교수에게 평소보다 마음을 열고 있는 것이 분명했다. 엔도 선생이나 다무라 선생의 표정에 놀라움이 묻어나는 걸 보면 그들에게는 말하지 않았던 새로운 사실을 조금씩 꺼내놓고 있는 것 같았다.

"이런 걸 물어도 될지 모르겠지만, 아내분과 헤어지셨더군요."

"네, 제 잘못입니다."

"왜 그렇게 생각하시나요?"

"실은 제가 회사 동료와 불륜을 저질렀습니다. 아내와 특별히 갈등이 있었던 건 아닌데, 제가 가진 욕망이라고 해야 할까요? 그걸 억누르지 못해서……."

데쓰야의 낯빛은 누가 봐도 붉어져 있었다. 케이스 콘퍼런스처럼 다수의 제3자 앞에서 자신의 불륜을 고백하는 것은 매우 드문 일이다. 질문에 대한 답 이외의 발언이 많아지고, 말이 조금 빨라졌다는 느낌을 받은 사람이 나만은 아니었을 것이다.

"이 자리에서는 그렇게 깊이 파고드는 일은 삼가는 게……."

야마구치 교수는 환자를 불필요하게 자극하는 화제를 피하려 했지만 데쓰야는 이야기를 계속했다. 눈을 크게 뜬 데쓰야의 두 눈은 붉은빛을 띠고 있었고, 조금 촉촉한 것처럼 보였다.

"결코 용서받을 수 없는 일이라는 사실은 스스로도 잘 알고 있었습니다. 그런데 어떻게 된 일인지 저를 제어할 수가 없었어요. 선생님, 사실 저희 어머니는 자살을 한 거나 마찬가지입니다. 단순한 소문일 뿐이라고 믿고 싶지만, 어머니는 바람을 피우는 아버지 때문에 속으로 끙끙 앓으면서 정신과에 다녔던 모양입니다. 자포자기해서 차를 타고 절벽으로 뛰어내린 건지 약 기운 때문에 멍했던 건지 모르겠다고 친척 아저씨가 무심결에 저한테 털어놓은 적이 있어요. 그 말을 절대 잊을 수가 없습니다."

데쓰야는 쉴 새 없이 말을 이어갔다.

"아버지와 똑같은 일을 저지르고 만 저 자신을 용서할 수가 없습니다. 지난번에는 운전을 하고 있었는데, 앞 차가 거북이처럼 느릿느릿 가는 꼴을 보니 답답하고 점점 짜증이 치밀어 오르더군요. '추월하려다가 잘못돼서 죽어도 좋다', '불륜을 청산하려면 죽는 수밖에 없다'는 생각에 앞서가려다가 하마터면 반대편 차선에서 오는 차와 충돌할 뻔했습니다. 제가 너무 이상해져서 잠도 안 오고, 어찌할 바를 몰라서 수면제를 받으러 정신과를 찾은 겁니다."

"그때부터 약을 드신 건가요?"

"꾸준히 먹은 건 아니지만, 그때부터 복용 기간이 늘어난 건 확실합니다."

"요즘에는 항우울증 약을 드시는데, 효과가 별로 없다고 들었습니다."

"엔도 선생님께도 말씀드렸는데, 약이 듣지 않는 건지 제 인생이 미쳐 돌아가는 건지 뭐가 뭔지 모르겠습니다."

데쓰야가 들어온 지 족히 15분은 되었을 것이다. 이런 자리에서 지나치게 길게 면담을 하는 것은 오히려 환자에게 부담만 주고 몸과 마음을 지치게 한다.

"마지막으로 한 가지만 묻겠습니다. 혹시 과거에도 몇 번씩 죽고 싶다는 생각을 하셨나요? 지금은 어떻습니까?"

우울한 상태의 환자에게 자살을 생각하는지 묻고 평가하는 일은 중요하다. 그렇지만 어떤 말을 골라 환자의 자살 의지를 확인하느냐는 영원한 난제로 남아 있다.

이 질문을 던지면 대부분은 '인간이기 때문에 죽고 싶다는 생각을 한 적이 없진 않다'는 식으로 긍정적이긴 하지만 일반론적인 문장을 자신 없는 목소리로 웅얼거린다.

그런데 데쓰야는 일반론을 꺼내지 않고, 철저하게 자신을 주어로 내세워 막힘없는 말투로 단언했다.

"저는 이제 그만 죽으려고 합니다. 선생님께는 죄송하지만요."

## 자살은 이성적인 판단인가

무거운 공기가 콘퍼런스룸을 감쌌다. 데쓰야는 대담하게 자기 의사를 밝히고는 처음 들어왔을 때보다 침착한 표정으로 엷은 미소를 짓고 있었다. 그 표정이 더욱 섬뜩하게 느껴졌다.

야마구치 교수는 감정을 얼굴에 드러내지 않고 "자살하고 싶은 생각이 지금도 있는 거군요"라고 데쓰야가 한 말을 그대로 따라 하며 확인만 했다. 그럼에도 데쓰야는 만족스러운 표정으로 "그렇습니다"라고 대답하고 "이제 가도 될까요?" 하며 퇴실 허가를 구했다.

야마구치 교수는 "지금부터 환자분을 어떻게 치료하면 좋을지 충분히 검토하겠습니다"라고 평소답지 않게 분명하지 않은 어조로 면담을 마무리했다. 데쓰야는 아까처럼 다무라 선생을 따라서 퇴실한 뒤 자기 방으로 돌아갔다.

데쓰야가 나가자 콘퍼런스 참가자들의 시선이 야마구치 교수에게 집중되었다. 그는 과연 어떤 판단을 내릴 것인가. 자살하겠다고 분명하게 자기 의사를 표현한 환자를 어떻게 처우할 것인가. 자살 의지는 병에 의해 촉발된 일시적이고 잘못된 판단인가. 아니면 정상적인 이성에 따른 합리적인 판단인가.

야마구치 교수는 무거워진 분위기를 풀어주려는 듯 "꽤나 과감한 발언을 하고 가는군" 하며 솔직한 감상을 털어놓은 뒤 자세를 조금 바로잡고는 자신이 내린 진단 결과를 설명했다.

"나는 그가 가벼운 조증 삽화, 정확하게 말하면 혼재성 삽화라고 생각하네. 과거를 봐도 기분이 오르락내리락하는 변화가 있는 건 분명하지. 직장에서는 물론 사생활에서도 안정된 상태일 때가 거의 없고, 큰 갈등을 일으키고 있으니 말이야. 과거에 '자신을 억제할 수 없었다', '주위 사람들이 바보처럼 보였다'라고 한 건 조증 삽화의 특징인 유능감, 충동성이 심해진 걸세. 일할 때 수면욕이 감소했던 것도 유력한 증거지. 엔도 선생, 기분안정제는 안 썼나?"

갑작스럽게 질문을 받은 엔도 선생은 약간 당황하며 변명을 늘어놓았다.

"저도 생각은 했는데 환자 본인이 '나는 조울증이 아니다'라고 우기면서 거부했습니다. 오히려 의욕을 생기게 하는 약을 강하게 요구했기 때문에 항우울증 약을 처방할 수밖에 없어서……."

야마구치 교수는 변명을 끝까지 듣지 않고 서둘러 결론을 내렸다.

"항우울증 약은 모두 끊도록! 지금 당장."

"그러면 입원 문제는 어떻게 처리할까요? 퇴원하겠다고 할 것 같은데……."

마치 잠든 것처럼 잠자코 있던 사회자 나라 선생이 처음으로 입을 열었다. 확실히 데쓰야는 퇴원을 요구할 기세다.

"의료보호 입원으로 변경하게. 이대로라면 정말로 자살할 거야."

임상 경험이 풍부한 야마구치 교수가 '할지도 모른다'는 식으로 얼버무리지 않고 단언하자 불안한 표정을 짓고 있던 엔도 선생을 비롯한 의료진들의 얼굴에서 치료 방향이 정해졌다는 안도감이 드러났다.

데쓰야의 입원 형태는 임의 입원에서 의료보호 입원으로 변경되었고, 그동안 처방되던 항우울증 약은 즉시 중단되었다.

## 약을 과감하게 끊다

사실상 강제 입원이나 다름없는 의료보호 입원에 데쓰야가 강하게 저항할 거라고 예상했는데, 그는 의외로 입원을 순순히 받아들였다. 납득이 가지 않는다는 표정으로 "당신들이 나를 고칠 수 있을까요?"라고 독설을 내뱉긴 했지만 말이다.

우리는 진단을 재검토하기로 했으며, 항우울증 약은 일단 모두 중지하겠다고 전했다. 그는 잠이 안 올지 모른다는 공포가 있어서인지 자기 전에 먹는 약이 뭔지 집요하게 물어보며 약을 변경하는 것에 대한 두려움을 내비쳤다. 하지만 대체하는 약으로 당분간 견뎌보자고 설득하자 계속 거부하진 않았다.

그 후로 열흘 정도 지나 엔도 선생에게 데쓰야가 퇴원하게 되었다는 소식을 들었다.

"항우울증 약을 끊은 것만으로도 상당히 호전되었어요. 본인도 감정이 고조되어서 자기답지 못 했던 것 같다고 말하더군요."

"게다가 순순히 우리가 하자는 대로 따라줬지? 그런데 정말로 괜찮을까?"

"다무라 선생이 그 뒤로 조울증에 대해 확실히 설명해줬습니다. 근거를 대면서 알려주면 그 사람처럼 머리가 좋은 사람은 인정할 수밖에 없으니까요."

"그래도 앞으로 꾸준히 기분안정제가 필요한 거 아닐까?"

"재밌게도 본인이 그렇게 말하더군요."

"사실 지금은 약보다 주변 사람들의 도움이 중요하겠군."

갈피를 잡지 못하고 있던 데쓰야의 치료가 드디어 방향을 잡은 것 같다. 그렇다고 해도 아직 방심해서는 안 된다. 비록 아직 젊긴 하지만 빈번한 이직과 이혼으로 잃은 것은 결코 적지 않다. 데쓰야의 회복은 이제야 출발선에 선 것이나 다름없을지도 모른다.


## 간과하기 쉬운 양극성장애

기분이 가라앉고 의욕이 생기지 않는 상태를 '억우울 상태'라고 부른다. 이처럼 일이 손에 잡히지 않고 식욕이 떨어지거나 수면에 문제가 생기는 등 사회생활에 큰 지장을 가져오는 억우울 상태를 보이면 '우울증'이라고 여기기 쉽다. 하지만 실제로는 그렇게 단순한 문제가 아니다.

'조울증'이라는 이름이 더 익숙할지 모르지만, 현대의 정신의학에서는 '양극성장애'가 정식 명칭이다. 이는 조증과 울증으로 양쪽 기분이 극단적으로 나뉘는 것인데, 이름만 들어도 그 뜻을 짐작해볼 수 있다.

양극성장애는 조증 삽화와 울증 삽화라는 두 가지 상반된 상태를 반복하는 병이다. 미리 말해두지만 우울증과 양극성장애는 서로 다른 병이다. 또한 양극성장애에서 조증과 울증은 50대 50의 비율로 나타나지 않는다. 우울 쪽이 압도적으로 많은데, 양극성장애인 사람은 70퍼센트 전후의 기간을 우울 상태로 지낸다고 알려져 있다. 겉보기에는 우울증과 비슷하며 인생의 대부분을 우울한 기분으로 보낸다.

가만히 생각해보면 조증 삽화, 이른바 하이텐션이 대부분인 인생은 성립할 수가 없다. 전형적인 조증 삽화에서는 우리가 술자리에서 취했을 때와는 비교도 할 수 없을 만큼 기분이 고조된다. 조증 삽화를 대표하는 전형적인 행동인 낭비가 심해져 며칠 동안 수백만 원에서 수천만 원, 개중에는 고급 외제차 구입이나 부동산 투자로 눈 깜빡할 사이에 수억 원 규모를 쓰는 사람도 있다.

또 이상할 만큼 생명 에너지가 높아진다. 성욕을 예로 들자면 어떤 이는 조증 삽화일 때 도리에 벗어난 행동을 해서 가족들에게 깊은 상처를 남기기도 한다. 식욕도 높아지는데 움직임이 격렬해져서 소비 에너지가 늘어나기 때문에 오히려 살이 빠지는 경우가 많다. '자지 않아도 멀쩡한 상태'가 되기 때문에 수면을 취할 필요가 없고 수면 욕구 또한 뚜렷하게 감소한다.

전형적인 양극성장애는 '제I형 양극성장애'로 분류된다. 이처럼 화려한 조증 삽화는 한 사람의 인생에 커다란 흔적을 남긴다. 파산, 이혼 등 문제가 심각하기 때문이다. 짧은 조증 삽화가 끝난 뒤에 우울 삽화가 찾아오면 환자는 비로소 자신의 이상을 통감하게 된다.

양극성장애 환자 중에는 이처럼 분명한 '조증 삽화'가 아니라 정도가 다소 가벼운 '경조증 삽화'를 반복하는 사람도 있다. 이 경우에는 본인은 물론 주위 사람들도 그가 이상하다고 깨닫기 어려워서 대처가 늦어지는 경향이 있다. 이는 제Ⅰ형과 구별해서 '제Ⅱ형 양극성장애'로 분류된다.

그렇다면 가벼운 조증이란 구체적으로 어떤 행동을 가리키는 것일까? 예를 들어 내가 아는 대학 교수는 경조증 삽화일 때 부하 직원에게 매일 아침 여섯 시부터 회의를 하자고 요구했다. 게다가 부하 직원이 평소처럼 일을 하고 있어도 농땡이를 피운다며 호되게 꾸짖을 때도 있었다고 한다. 현대 임상정신의학의 젊은 지성으로, 전 세계 정신과 의사에게도 주목받고 있는 미국 터프츠 대학 의료센터의 정신과 교수 나시르 가에미Nassir Ghaemi는 자신의 저서 《기분장애: 실용적인 가이드Mood Disorders: A Practical Guide》에서 조증 삽화와 경조증 삽화를 판별하는 방법을 언급한다.

- 어떤 종류의 문제라도 조증 삽화에서 상당한 지장이 생긴다면 경조증이 아니라 조증이라는 진단을 내릴 수 있다.

- 직장에서 동료나 상사와 심한 충돌, 배우자나 다른 가족과 큰 다툼이 있다면 조증 진단을 내리기에 충분하다.

그는 낭비나 일탈 행동을 넘어 조증 삽화의 범위를 넓게 보는 입장이다.

데쓰야는 '주위 사람들이 바보처럼 보인다', '머리 회전이 빨라진 것 같다'는 식으로 고양된 유능감을 느끼는 시기가 있었다고 하는데, 이 시기에 주위 사람들과 갈등을 일으켰을 가능성이 상당히 높다.

양극성장애인 사람이 자신이 이상하다는 점을 깨닫지 못하거나 외면하는 것은 최상의 컨디션인 바로 이 시기다. 무엇보다 환자 본인은 전혀 곤란할 것이 없을 뿐 아니라 피로도 느끼지 못하고, 두뇌와 신체 활동 모두가 활성화된 상태다. 그런데 이 좋은 컨디션이 머리에 각인되어서 '이게 나의 평소 상태'라고 여기게 된다. 우울 삽화일 때도 비교의 잣대를 자신이 (가벼운) 조증 삽화일 때로 맞춰서 '컨디션이 좋을 때와 상당한 차이가 난다'고 착각하고 만다. 이렇게 자신의 상태 변화를 깨닫지 못한 채로 시간이 흘러가 버리기 때문에 양극성장애라는 진단이 내려지기까지 약 8년이 걸린다는 자료도 있다.

야마구치 교수는 '혼재성 삽화'라는 단어도 사용한다. 이는 명백한 조증 삽화, 우울 삽화가 아니라 조증과 울증이 모자이크처럼 섞여 있는 상태를 말한다. 혼재성 삽화일 때는 걸핏하면 기분이 좋지 않고 초조하며 사소한 일에 화가 나는 등 상태가 불안정하다. 전형적인 우울 삽화에서는 그럴 만한 에너지조차 없는 반면에 전형석인 조증 삽화에서는 항상 생글생글 웃고 다닐 만큼 기분이 좋다. 혼재성 삽화는 전형적인 우울 삽화에도 조증 삽화에도 들어맞지 않는 그야말로 혼돈스러운 상태다. 무슨 일을 저지를지 알 수 없기 때문에 자살의 위험성도 상당히 높다. 케이스 콘퍼런스에서 데쓰야는 그야말로 혼재성 삽화가 무엇인지를 보여줬다고 할 수 있다.

숙련된 정신과 의사라도 우울증과 양극성장애를 구분하는 일은 결코 쉽지 않다. 앞에서 소개한 가에미 교수는 이 두 가지 병을 구분하려면 가족력을 확인하라고 말한다. 가까운 가족(부모, 자식, 형제자매) 중에 양극성장애가 있으면 그 환자도 양극성장애일 가능성이 높다. 이는 유전학으로 증명된 것이기도 하다. 데쓰야의 어머니에 대한 정보가 부족하긴 했지만 그녀 역시 양극성장애였을 가능성이 매우 높다. 적어도 미심쩍은 사고사의 원인에 대해서는 상상의 나래를 펼쳐볼 필요가 있었을지도 모른다.

지금까지는 현대 문명의 이기인 '약'이 자신이 이상하다는 걸 깨닫게 하고 정상으로 돌아오는 데 좋든 나쁘든 큰 역할을 해온 사례를 소개했다. 하지만 안타깝게도 약이 무력한 경우도 존재한다. 다음 장에서 소개할 마사토시의 에피소드는 떠올릴 때

마다 괴롭고 마음이 무겁다. 그의 치료는 실패로 끝나고 말았
다. 내 입장에서 그는 두 번 다시 담당하고 싶지 않은 범주의 환
자였다. 이렇게 말하면 분명 비판을 하는 이도 있겠지만 나는 내
솔직한 심정을 숨김없이 밝히고자 한다.

# 5장

# 왜 남에게 상처를 주고도
# 아픔을 느끼지 못할까

## 입원을 의뢰하다

장마가 시작되었다. 너무 습해서 마음에까지 곰팡이가 필 것 같은 날들이 이어졌다. 이제부터 환자는 춥게 느낄 정도로 에어컨을 빵빵하게 트는 대학병원의 서늘한 온도가 병원진에게는 고마운 계절이 시작된다.

"아, 선생! 마침 잘 만났네."

의사 휴게실과 병원을 잇는 낡은 복도 중간에서 병동 관리자인 나라 선생과 우연히 마주쳤다. 의뢰할 환자가 있을 때는 대개 평소보다 사근사근하게 말을 걸어온다.

"실은 다음 주에 환자 한 명을 맡아줬으면 좋겠는데……."

예상했던 일인지라 놀라지도 않았다. 환자를 각 의사에게 배정하는 병동 책임자도 스트레스가 많을 것 같다.

"어떤 환자인데?"

"오가와 부교수의 환자야."

감정을 드러내지 않으려 했지만 나는 내 표정이 일그러지는 것을 멈출 수가 없었다. 나라 선생은 내 마음을 읽었는지 "사정이 좀 있어서 특별히 선생한테 부탁하고 싶어"라며 미안한 듯이 덧붙였다.

오가와 부교수는 이 대학을 졸업하고 25년 가까이 대학병원에서 근무한 베테랑이다. 다만 의사들 사이에서는 평판이 매우 좋지 않다. 치료하기 곤란한 환자가 있으면 바로 다른 의사에게 떠넘기기 때문이다. 그는 손이 많이 갈 것 같은 환자는 초기 진단도 제대로 하지 않고 입원시킨 다음, 퇴원 뒤에는 외래 진료를 입원 담당 의사에게 그대로 떠맡기곤 한다.

20년 가까이 같은 병원에서 근무하고 있으면서 담당하는 외래 환자가 중견 의사보다도 적다. 까다로운 환자는 다른 의사에게 억지로 보내고 여유 시간을 확보해서 연구 성과를 내려는 의도가 노골적으로 드러난다. 화가 나면서도 한편으로는 실적을 가장 중요하게 생각하는 대학병원에서는 이렇게 남의 눈을 신경 쓰지 않고 자기 이익부터 챙기지 않으면 출세하지 못할 것 같다는 생각도 든다.

"할 수 없지, 뭐."

중간에 끼어서 늘 고생인 나라 선생의 입장을 생각하면 불만스러운 말투로 도대체 그 '사정'이란 게 뭐냐고 꼬치꼬치 따져 물을 수가 없다.

"그래서 상태가 어떤데?"

"50대 남성으로 가벼운 우울 상태인 것 같아. 정신과의원에서 좀처럼 상태가 호전되지 않아서 대학병원에 가보라고 했나 봐."

"외래 진료는 여기서 언제부터 받았지?"

"지난주에 초진을 받았어. 초진 즉시 입원."

나라 선생도 오가와 부교수에게는 몇 번이나 호되게 당한 경험이 있어서인지 순간적으로 그를 경멸하는 듯한 쓴웃음을 지었다. 하지만 그보다 자신의 입장도 곤란하다는 사실을 나에게 보여주고 싶은 마음이 더 컸을 것이다.

정신과의원에서 받은 치료의 성과가 좋지 못해서 대학병원에 오는 경우는 셀 수 없을 만큼 많다. 의료진이 많은 대형 병원에서 충분한 시간과 공을 들여 진단을 받고 적절한 치료를 받는 것이 합리적이라는 사실은 말할 필요도 없다. 하지만 초진만 보고 바로 입원시키는 것은 자살을 시도할 가능성이 높거나 위험한 상황일 때다. 가벼운 우울 상태인데도 즉시 입원시킨 것을 보면 오가와 부교수가 그냥 다른 의사에게 떠넘길 심산이었다는 인상을 지울 수 없다.

"어쩔 수 없지. 그러면 다음 주 화요일 오전은 어때?"

"고마워. 레지던트로 다케시타를 붙일게."

이 시점에서 만만치 않을 것 같다는 예감은 들었지만, 어떻게든 극복할 수 있을 거라는 낙관적인 생각도 있었다.

하지만 그 환자가 써나갈 앞으로의 이야기는 그 누구도 예상치 못한 내용이었다.


## 갑작스러운 입원 연기

마사토시의 입원 예정일 역시 온종일 비가 계속될 듯한 기세로 세찬 빗발이 내리치고 있었다. 예정대로라면 마사토시는 오전 열 시쯤 병동 접수처에 오기로 되어 있었다.

"진료카드를 봤는데, 그다지 정보가 없네요. 검사도 거의 하지 않았고……."

레지던트인 다케시타가 투덜거리는 것도 무리는 아니다. 그는 졸업한 지 2년 된 초보 레지던트인 데다가 정신과 전속 레지던트도 아니다. 대학병원 레지던트는 내과와 외과 등 모든 과를 돌고, 3년 차에 전문과를 결정한다. 다케시타는 정신과에서 2개월 동안 일하게 되었는데, 객관적인 데이터를 중심으로 치료하는 다른 진료과와 달리 "험상궂은 표정", "바른 자세" 등 싸구려 소설에나 나올 법한 인물 묘사로 가득한 정신과 진료카드에 아직 적응하지 못한 모양이다.

"여기에 오기 전에 다녔던 정신과의원 정보도 필요하겠군."

이런 식으로 환자를 기다리는 동안 두서없는 대화를 나눴는데, 정보가 없으니 대화에 진전이 있을 리가 없었다. 잡담거리가 다 떨어져 갈 무렵, 시계를 보니 이미 열 시 반을 지나고 있었다.

"너무 늦는데?"

외래 진료를 할 때는 아무렇지 않게 환자를 한 시간 이상 기다리게 하면서 정작 자신은 기다리는 걸 견디지 못하는 성격 급한 의사가 상당히 많은데 나도 그중 하나다.

"환자한테 연락이 있었는지 무토 씨에게 물어보고 올까?"

"네, 그럴까요?"

병동 입구에 있는 접수처에는 의료 사무원인 무토 씨가 앉아 있다. 그는 아직 젊지만 매우 노련하다. 항상 안타깝다는 표정을 지으면서 환자와 환자 가족을 응대하는데, 머리만 크고 사회 경험이 부족한 의사보다 훨씬 나을 때가 많다.

"그게……."

무토 씨는 환자를 대할 때와는 사뭇 다른 굳은 표정을 지었다. 그가 좀처럼 보이지 않는 표정이다.

"오늘은 입원할 수 없으니까 연기해달라고 하더라고요."

"뭐?"

대학병원은 바로 입원하는 게 불가능하고 순번을 기다려야 하는 대기 기간이 존재한다. 병실이 없을 때는 3개월 이상 기다려야 하는데, 기다리다 못해 다른 병원으로 옮겨가거나 대기 기간을 단축해달라고 끈질기게 요구하는 환자로 인해 분쟁이 자주 일어난다. 상황이 이렇다 보니 힘들게 얻은 입원 기회를 환자가 멋대로 연기했다는 이야기는 들어본 적이 없다. 우리가 이해할 만한 피치 못할 사정도 없었기 때문에 일방적인 통보라는 인상을 지울 수 없었다.

"나라 선생에게 연락을 해야겠군."

"알겠습니다."

당혹스러워하는 무토 씨에게 간단한 지시를 내린 뒤에 왠지 모를 해방감이 올라왔다. 할당량이 줄었다는 생각에서였을까? 지금쯤 나라 선생은 오가와 부교수와 골치 아픈 대화를 나누고 있을 것이다.

"진짜 입원하러 올까요?"

"글쎄, 어쩌려나……."

솔직히 입원하지 않기를 바라는 마음이 없진 않았는데, 이렇게 의사가 치료에 소극적이면 대개 안 좋은 결과가 나온다.

# 뒤늦은 첫 대면

"선생님, 잘 부탁드립니다."

일정을 재조정해서 원래의 입원 예정일보다 한 주 늦게 입원한 마사토시는 예의 바르게 나에게 첫인사를 건넸지만, 지난주입원을 연기했던 건 전혀 신경 쓰지 않는 듯했다.

"저야말로 잘 부탁합니다."

그의 머리는 거의 백발에 가까웠지만 재킷을 잘 차려입고 있었고 몸매도 좋아서 얼핏 보기에 신사적인 모습이었다. 하지만 표정은 결코 편안해 보이지 않았다. 미간의 잔주름을 실룩거렸으며 얼굴을 약간 기울이고 말하는 버릇에서도 긴장을 잘하는 신경질적인 성격 같다는 인상을 받았다.

"입원을 앞두고 좀 긴장되세요?"

정신과뿐 아니라 낯선 병원에 입원하는 환자는 건강한 사람은 상상조차 할 수 없을 만큼 신경이 곤두서기 마련이다. 게다가 외래 진료를 받을 때와 입원한 다음 만나는 담당 의사가 다른 경우에는 환자와 의사가 서로 초면이다. 불안감과 경계심을 안고 서로의 의중을 살피는 것이 어쩔 수 없는 과정일지도 모른다.

"지난주에는 죄송하게 됐습니다. 다른 중요한 일이 있어서요. 전화를 한다는 게 깜빡했습니다."

"일과 관계된 건가요?"

"어? 오가와 선생님께 못 들으셨나요? 저는 마이아사 신문사에서 일합니다. 드디어 병가를 낼 수 있겠다 싶었는데, 갑자기 대박 뉴스가 날아들어서요. 무슨 뉴스인지 아직 밝힐 수 없습니다만."

직업 같은 것도 오가와 부교수에게 못 들었냐고 따지는 듯한 말투였다. 자기 멋대로 입원을 취소한 것에 대해서도 말로만 사과할 뿐 반성하는 기색은 전혀 없었다.

어쨌든 동석해 있던 레지던트 다케시타와 함께 마사토시의 증상과 지금까지의 경과를 물어보기로 했다.

그는 내키지 않는 표정이었지만 입원에 이르기까지 어떤 일이 있었는지 이야기하기 시작했다. 조용한 목소리였는데 에둘러서 표현하는 경향이 있어서 하나를 말하려고 열을 설명하는 특징이 있다는 사실을 금방 파악할 수 있었다.

"신문이 점점 부수를 줄이고 있는 건 이미 알고 계시죠? 인터넷의 보급 때문이겠지만, 엉터리 기사도 넘쳐나서 눈 뜨고 볼 수가 없어요. 저는 의료 관련 기사를 쓰기도 했는데, 그건 그렇고……. 이대로는 저도 농담이 아니라 진짜 구조 조정을 당하고 말 겁니다. 그래서 2년 전에 동료와 출판사를 세우려고 했어요. 인터넷 매체도 이용하고요."

신문사가 하락 가도를 달리고 있다는 사실은 신문을 구독하지 않는 다케시타도 익히 알고 있는 사실이다. 자신이 일하는 업계에 대한 불만을 털어놓다 보니 열변을 토하고 싶은 마음은 이해가 가지만 그걸 감안해도 지나치게 말이 많다.

마사토시의 장황한 이야기를 요약하자면 '현재 일하고 있는 신문사에는 미래가 안 보여서 새로운 사업을 시작하려 했지만, 대형 신문사는 안이하게 일한다는 인상 때문인지 IT 관련 일을 하는 젊은이들이 도무지 말을 듣지 않는다. 금전적인 문제가 생겼을 뿐 아니라 갑작스럽게 추간판 헤르니아에 걸리는 바람에 한동안 걷는 것조차 힘든 상태가 계속됐다. 그러는 사이에 사업 이야기가 회사 윗선의 귀에 들어가서 마사토시는 본격적으로 조기 퇴직 권장 대상자가 되었다. 아내와 딸도 자기들 말을 들어주지 않는 남편, 아빠에게 정이 떨어졌는지 처갓집이 있는 오사카로 가버렸다'는 것이다.

통상적인 환자라면 한참 전에 끝났을 병력에 대한 대화가 점심이 다 되어가는데도 끝나지 않았다. 오후부터는 의학부 강의가 있기 때문에 슬슬 면담을 끝내야 한다.

"우선은 현재 상태를 파악하면서 혈액검사와 뇌파검사를 진행하겠습니다. 지금 드시는 약은 입원하고 바로 바꾸진 않는 걸로 합시다. 입원 기간은 대략 한 달 정도 보면 될 것 같습니다."

강의 시간을 맞추기 위해 다소 일방적인 말투로 자리를 떠야 한다고 알렸다. 마사토시는 별로 표정 변화가 없었다. 앞으로의 치료 방침은 강의를 마친 뒤에 다케시타와 검토하기로 했다.

## 의사에게 하는 설교

"선생님, 그 환자분이 저를 너무 힘들게 해요."

레지던트 다케시타가 울 것 같은 표정으로 나에게 상담을 해 온 것은 마사토시가 입원한 지 일주일째 되는 날이었다.

나는 마사토시에게서 전형적인 우울증과는 다른 인상을 받았 기 때문에 여러 검사 결과를 기다리면서 병동 안에서 그의 언동 을 관찰하기로 했다. 그래서 다케시타에게 짧은 시간이라도 상 관없으니 매일 아침 병실에 찾아가 그의 상태를 확인하도록 지 시했다.

"어떤 부분이 그렇지? 사실 언론 관계자나 정치가, 그리고 의 사 중에는 까다로운 환자가 많긴 해."

나는 이때까지만 해도 다케시타가 까탈스러운 마사토시를 매 일같이 상대하느라 지친 것이라고 가볍게 생각했다.

"선생님 앞에서는 정중한데, 저한테는 반말로 설교를 해요. '의 사 가운은 매주 깨끗하게 빨아야지', '자네도 좋은 학교를 졸업 했을 텐데, 기본적으로 예의가 없고만. 남과 제대로 대화도 할 줄 모르고' 하면서요……"

잔소리가 많은 중장년은 어디에든 있다. 그리고 다케시타에게 는 학생처럼 행동하는 경향이 아직 남아 있어 경어를 사용할 때 나 복장을 갖추는 데 부족한 부분이 있는 것이 사실이다.

"자기 자랑이나 불평을 끊임없이 늘어놓는데, 당최 말을 끊을 수가 없어요. 게다가 일부러 옆 침대의 다른 환자에게 다 들리게 큰 소리로 말해서 당황스러워요."

다케시타가 진절머리를 내는 것도 당연하다.

"오늘은 내가 얘기해보지. 입원 생활이 지루해서 그러는 걸지도 몰라."

오전에 시간이 났던 나는 마사토시의 병실을 방문했다.

마사토시는 침대에 엎드려 돋보기안경을 코끝에 걸치고 두꺼운 책을 읽고 있었다.

"아, 선생님. 안 그래도 할 말이 있었습니다."

미간의 잔주름은 여전했다. 나는 환자와 눈을 맞추기 위해 쭈그리고 앉았는데, 마사토시는 턱을 좀 들고 눈을 가늘게 뜨더니 나를 내려다보는 듯한 자세로 병원진에 대한 불만을 쏟아냈다.

"저는 이 병원이 훌륭하다고 생각했기 때문에 입원을 한 겁니다. 오가와 선생님은 우울증에 관해서는 상당히 권위 있는 분이라고 들었습니다. 하지만 레지던트의 복장이나 행동거지가 정말 실망스럽더군요. 제가 의료 문제로 여러 병원을 취재했을 때는 이러지 않았는데 말이죠."

그는 온화한 말투로 말했고, 눈에 보이는 격한 분노도 없었다. 하지만 에두른 표현을 쓰면서도 깐족거리며 상대를 공격하고 있다는 사실은 분명했다.

"선생님들 교육도 좀 신경을 써야 할 것 같네요. 뭐, 말은 이렇게 해도 저는 아직까지 이 병원을 신뢰하고 있습니다."

그는 주치의인 나에게도 30분 동안이나 설교를 했다. 쭈그리고 있던 양쪽 다리가 저리다 못해 통증이 밀려왔다. 설교를 듣는 동안 나는 거의 아무 말도 하지 못하고, 면목이 없다는 표정으로 그의 고견을 듣고 있을 수밖에 없었다.

## 붕괴된 가족

시간이 조금 더 지나서야 다케시타뿐 아니라 나까지 공격 대상이 되었다는 사실을 깨달았다.

다케시타는 어느새 아침마다 병실을 찾아가서 마사토시의 불평을 30분 정도 듣는 것이 일과가 되어버리고 말았다. 매일같이 진찰을 할 수 없는 입장인 나도 '환자의 이야기를 매일 찬찬히 들어줘야 좋은 의사'라며 우기는 마사토시의 무리한 요구에 면담을 일주일에 세 번으로 겨우 제한한 상태였다.

이 시점에서 나는 마사토시가 전형적인 우울증이 아니라고 확신했다. 그렇다고 데쓰야의 조울증처럼 감정의 고양이나 변화가 나타나진 않았고 '옛날부터 이런 사람이었을 것'이라는 인상을 받았다.

하지만 나와 마사토시가 알게 된 건 불과 2주 정도 밖에 안 된다. 그런 짧은 기간에 '옛날부터 이런 사람이었다'고 섣불리 판단을 내릴 수는 없다. 가족으로부터의 정보가 절실한 시점이었다.

그런데 사회나 의료기관에 불만이 많은 마사토시도 가족은 걱정되는지 가족 이야기만 꺼내려고 하면 교묘하게 화제를 돌려버렸다. 직시하고 싶지 않은 일이라도 있는 걸까?

어느 날 밤, 나는 오사카에 있는 마사토시의 아내에게 전화를 걸어보았다. 입원 보증인이 아내로 되어 있는 걸 보면 남편이 입원했다는 사실은 이미 알고 있을 터였다.

"아, 의사 선생님이시군요."

마사토시의 아내는 저녁 준비로 바쁘다며 내키지 않아 하면서도 역시 누군가에게 털어놓고 싶은 마음은 있었는지 젊은 시절에 있었던 몇 가지 에피소드를 들려주었다. 그녀에 따르면 마사토시는 신문사 일을 충실히 하던 시절에는 좋은 남편이자 좋은 아빠였던 것 같다. 다만 가게 점원이나 택시 기사 등 자신보다 약자인 입장에서 서비스를 제공하는 사람에게는 거만한 태도를 보였는데, 옆에서 보기에 불편할 정도로 심했다고 한다.

"남편이 시대 변화를 따라가지 못하게 되었을 무렵에 회사 역시 하향세를 타기 시작했어요. 회사 사정도 안 좋으니 당연히 그렇게 제멋대로인 사람은 성가셨겠죠."

사회와 회사를 공격하던 때는 그러려니 하고 넘어갔는데, 요 몇 년 사이에는 자신과 딸까지 괴롭혀서 힘들었다고 한다. 폭력은 없었지만 기회만 있으면 "내가 돈을 벌어 오니까 너희들이 먹고살 수 있다"는 말을 내뱉는 등 소위 '정서적인 학대'를 하는 모습도 보였다.

직장이나 가정에서 갈 곳을 잃었다는 스트레스는 있었겠지만 그것 외에도 인격적인 문제가 있었음을 짐작해볼 수 있었다. 이대로 막연하게 입원 생활을 계속하는 것은 마사토시를 치료하는 데 바람직한 방법이 아니라는 생각이 들었다.

## 타인을 향한 끝없는 비난

마사토시의 입원 기간은 6개월에 달했는데 그동안 이곳에 다 적기 어려울 만큼 여러 가지 갈등이 있었다. 가벼운 항우울증 약을 처방했더니 이튿날부터 '열 손가락이 심하게 저린다'며 계속해서 불편함을 호소했다. 하지만 제약회사에 문의해도, 논문을 찾아봐도 그런 부작용이 나타난 사례는 없었다. 그런데 마사토시는 무려 3개월 동안 매일 아침 진찰을 받을 때 손가락이 저리다는 말을 빼먹지 않고 언급했다. "이대로 증상이 남으면 재판을 하게 되겠군요. 하긴 대학병원이니까 선생님이 직접 피고가 될 일은 없겠지만요"라며 악의에 가득 찬 협박을 하기도 했다.

마사토시를 담당하는 일이 어지간히 부담이 되었는지 다케시
타가 갑자기 병동에 나오지 않았다. 사실 아침에 전달 사항을
이야기할 때나 나와 대화를 나눌 때 넋 나간 표정을 하고 반응
이 둔했던 것이 신경 쓰이긴 했다. 정신과 레지던트 기간도 얼마
안 남았기에 대학 연수센터에서는 휴직이라는 예방 조치를 선택
했을 것이다. 그래서 결국 다음 레지던트에게 담당이 돌아갈 때
까지는 나 혼자 마사토시를 상대하게 되었다.

어느 날 정신과 병동의 다나카와 간호실장이 할 말이 있다며
나를 불렀다.

"선생님, 그 환자 좀 빨리 퇴원시켜주세요."

"무슨 일이 있었나요?"

이미 간호사와 갈등을 일으켰다는 이야기를 몇 번이나 들었기
때문에 간호사들에게 무언의 압박을 받고 있던 나는 병동에서도
가시방석에 앉은 것 같은 나날을 보내는 중이었다. 솔직히 '나도
다케시타처럼 쉴 수 있으면 얼마나 좋을까' 하는 생각도 했다.

"고바야시 씨한테 치근덕대고 있어요."

"치근덕대다니 어떻게요?"

고바야시는 병원 일을 시작한 지 2년도 안 된 젊은 간호사다.
간호사복을 입은 모습만 보아도 그녀가 얼마나 미인인지 알 수
있다.

"휴대폰 번호랑 메일 주소를 끈질기게 물어본다고요. 그래서 정식으로 거절했어요. 저도 중간에 개입해서요."

누가 봐도 숙련된 간호사라는 분위기를 풍기는 다니카와 간호실장이 중간에 끼지 않으면 그 문제는 해결되지 않을 것이 불 보듯 뻔했다.

"그랬더니 이튿날부터 휴게실에서 다른 환자들하고 공공연하게 간호사 품평회를 시작했어요. 나카야마는 대화 상대를 안 해 줘서 글렀다느니 마루야마는 주사를 너무 못 놓는다느니 하면서 말이죠. 다른 환자들에게도 나쁜 영향을 주고 있다고요."

의사에 대한 품평회는 그전부터 하고 다닌다는 소문을 들었다. 나를 두고는 '환자의 마음을 몰라주는 의사 부적격자이며 말단 관리가 어울릴 것 같다'고 떠들고 다녔다. 반면 권위에 약한 것인지 진찰도 제대로 받지 못했으면서 오가와 부교수는 우수한 의사라고 평가했다고 한다.

자신이 데리고 있는 간호사들의 위엄이 손상되어서인지 다니카와 간호실장의 말투에는 분노의 감정이 고스란히 묻어났다.

"조기 퇴원을 검토하겠습니다."

그 자리를 모면하기 위한 말이라는 사실은 우리 둘 다 알고 있었지만, 나는 이렇게 대답할 수밖에 없었다.

## 화장실의 담배꽁초

마사토시에게 직접적으로 스트레스를 받을 뿐 아니라 간호사의 항의와 레지던트 이탈까지 겹쳐 소심한 나는 정신적으로 궁지에 몰렸고, 이를 증명하기라도 하듯 수면 상태가 급속도로 악화되었다. 깜깜한 새벽 세 시쯤에 눈이 떠지고, 아침 일찍 일어날 수 있을까 걱정을 하다 보면 정신이 더욱 또렷해진다. 지금 잠들지 못해 종일 얼마나 힘들지 생각하면 기분까지 침울해진다. 불면 환자의 고통은 역시 실제로 경험해보지 않으면 모르는 법이다.

그런데 나를 이토록 힘들게 하던 마사토시와의 이별은 갑자기 찾아왔다. 어느 날 아침, 다니카와 간호실장이 붉으락푸르락해서는 나를 향해 저돌적으로 걸어왔다. 표정을 굳이 확인하지 않아도 나쁜 소식임이 틀림없다.

"선생님, 그분이 드디어 사고를 쳤네요."

"무슨 일인가요?"

"병원에서 담배를 피운 것 같아요."

병동은 물론이고 병원 부지 안에서는 절대로 담배를 피워서는 안 된다. 환자들은 입원을 앞두고 반드시 오리엔테이션을 받는데, 이때 관계자가 병원 안에서는 절대 금연이라고 말로 강조할 뿐 아니라 서면으로도 통지한다. 따라서 몰랐다며 어물쩍 넘길 수는 없다.

"증거는 찾았나요?"

"야간 근무였던 고바야시가 화장실에서 담배를 피우는 마사토시 씨를 발견했대요."

"문을 잠그고 칸막이 안에 들어가서 피웠던 건가요?"

"연기가 새어 나와서 노크를 하고 확인했대요. 그랬더니 그 사람이 나온 거죠."

"담배를 피웠냐고 본인에게 물어봤고요?"

"물어봤는데 '안 폈다'고 우겼대요. 한밤중이었으니까 일단 아침에 선생님께 보고하기로 했어요. 선생님 입으로 제대로 말씀해주셨으면 해서요."

귀찮은 역할은 항상 의사에게 돌아온다. 다니카와 간호실장은 은근히 마사토시의 강제 퇴원을 요구하고 있는 것이 분명하다.

"하지만 확실한 증거가 없으면……."

"이걸 봐주세요."

다니카와 간호실장은 짧은 담배꽁초를 보란 듯이 내밀었다.

"다른 병동에도 이런 환자가 많아요. 제대로 조치를 취하지 않으면 다른 환자들에게 나쁜 영향을 끼친다고요."

내과와 외과에서도 실장 경험이 있는 다니카와 간호실장은 규칙을 아무렇지 않게 어기는 환자를 많이 보아온 것이 사실이다. 경험에 따른 느낌으로도 마사토시가 흡연을 한 것이 틀림없다고 결론 내린 모양이다.

"나라 선생과 의논해보겠습니다."

병동 관리자인 나라 선생은 어떻게 판단할까? 그는 돌아가는 형세를 관망하는 듯이 굴 때가 있는가 하면 의외로 딱 잘라서 결단을 내릴 때도 있다.

곧장 나라 선생의 무전기로 연락해서 의견을 물었다. 나는 '눈에 거슬리는 병동에서의 언동으로 봤을 때 나와의 신뢰 관계가 무너졌으며 이대로 입원을 계속해도 치료 효과를 기대하기 어렵다. 일단 퇴원해서 다른 병원에서 새롭게 시작하는 것이 바람직하다'는 의견을 전달했다.

"알았어. 나도 동석하는 게 좋겠지?"

문제를 해결해야 할 때는 역시 책임자의 권위가 필요하다. 그 부분에 대해서는 나라 선생도 충분히 이해하고 있다. 나는 앞으로 시작될 불쾌한 면담에 나라 선생도 동석해준다는 사실에 감사했다.

나는 마사토시의 병실로 향했다. 마사토시는 늘 그렇듯 엎드린 채로 나를 힐끗 쳐다보았다. 씩 웃는 뻔뻔한 표정으로 봐서는 내가 왜 찾아왔고 지금부터 어떤 이야기를 할지 이미 예상한 것처럼 보이기도 했다.

"잠시 할 이야기가 있는데, 면담실로 와주시겠습니까?"

"네, 그러죠."

내 눈에는 그가 장난칠 거리를 발견한 어린아이 같은 표정으로 보였는데, 그저 기분 탓이었을까? 어쨌든 성과 없는 치료는 하루라도 빨리 끝내지 않으면 안 된다.

## 강제 퇴원

면담실은 네 평 남짓한 방으로 책상과 의자를 제외하고는 어떤 물건도 놓여있지 않다. 프라이버시를 지키기 원하는 환자와의 면담이나, 상황이 복잡해지기 쉬운 가족 면담은 병실이 아닌 이 방에서 진행된다. 나는 치료를 할 때 환자와 마주 보고 앉지 않는다. 왜냐하면 마주 보고 있으면 대결 구도가 되거나 심문하는 느낌을 주어서 아무래도 형세가 의사에게 유리해지기 때문이다. 하지만 이번에는 일부러 마사토시와 마주 보고 앉아 심리적인 대결을 펼치기로 했다.

"오늘은 병동 관리자인 나라 선생님이 함께 들어오실 겁니다."

"오, 그래요?"

마사토시는 여전히 우리의 혼란스러운 상황을 즐기는 듯한 반응이었다. 나는 마사토시의 언동과 태도 모두 불쾌했지만, 이 의미 없는 시간도 조금 밖에 안 남았다고 스스로를 달래며 감정을 드러내지 않는 데 집중하기로 했다.

미리 상의한 대로 나라 선생이 입실했다. 다니카와 간호실장도 여차하면 면담에 참여할 수 있도록 밖에서 대기했다.

나는 단도직입적으로 마사토시에게 물었다.

"마사토시 씨, 한밤중에 담배를 피운 게 사실입니까?"

"아니, 안 폈습니다. 야간 근무를 하는 간호사가 착각한 거 아닐까요?"

"하지만 연기가 나는 걸 확실히 봤다고 하던데요."

"어떻게든 저를 범인으로 몰아가고 싶어 하는 것 같네요."

이렇게 가시 돋친 대화를 하는데도 마사토시의 표정에는 여유가 넘쳤다. 만약 진짜로 누명을 쓴 거라면 더욱 놀라고 반발했을 거라는 생각이 들었다.

"담배꽁초도 발견됐습니다."

나는 고바야시 간호사가 변기에서 주운 담배꽁초를 마사토시에게 보여주었다. 마사토시는 변기에 담배꽁초를 넣었는데, 물 내리는 손잡이를 충분히 누르지 않는 실수를 범한 것 같다. 부력이 있는 담배꽁초는 내려가지 않고 다시 떠올랐다.

"화장실 칸막이 안에서 연기가 나오고 있는 영상도 찍었습니다. 시간과 장소도 기록되어 있으니 나중에 병원 관리 담당자에게 보고하겠습니다."

어느새 의사가 아니라 형사나 검사가 심문을 하는 듯한 상황이 되고 말았는데, 이런 자리에 익숙하지 않는 나에게는 꽤나 힘든 일이었다.

이 정도로 증거를 제시하고, 병원 관리 담당자의 이름까지 대면 더 이상 발뺌하기 어렵다.

"딱 한 대 피웠어요. 약보다 잠이 더 잘 오는데 어쩌란 건지."

마사토시는 이렇게 빈정댄 다음, 평소보다 다소 강한 어조로 일방적으로 말을 이어갔다. 우리와 마사토시 사이에는 이미 서로를 이해할 수 없는 깊은 강이 흐르는 것 같았다.

"한번 생각해보라고요. 정신이 아픈 사람은 그만큼 뭔가에 의지하고 싶어지잖아. 아무리 그래도 술은 안 되겠지만, 정신과에서 담배 한 대 정도는 봐줘도 되지 않나? '금연, 금연' 하면서 까다롭게 구는데 흡연자한테도 인권이라는 게 있는 거라고."

떨리는 목소리에서 그가 평온한 척하려고 기를 쓰고 있음을 느낄 수 있었다.

"애초에 밤에 잠을 푹 자게 해주면 담배를 피울 필요도 없죠. 잘 생각해보면 입원한 뒤로 내 이야기도 제대로 안 들어주고, 의학적 판단이랄까 진단을 해준 적도 없는데 말이야."

뜨겁게 달군 돌이라도 박힌 것처럼 내 가슴은 분노로 달아올랐다. 한시라도 빨리 이 면담을 끝내고 싶은 생각뿐이었다.

"안타깝지만 저희와의 관계는 이미 끝났습니다. 입원 치료를 계속해봤자 마사토시 씨에게 아무런 도움이 되지 않을 것 같습니다."

"강제 퇴원인가? 환자는 항상 을이니까."

험악한 분위기를 견디기 힘들었는지 나라 선생이 끼어들었다.

"저와 진료과장인 교수님 모두 같은 의견입니다. 이번 입원이 이렇다 할 치료 결과를 내지 못한 것은 죄송하게 생각합니다. 마사토시 씨와 잘 맞는 의사와 병원을 소개하고, 저희가 해드릴 수 있는 범위 안에서는 모든 지원을 하겠습니다."

"알았다고요. 뭐, 세속을 벗어나서 여유 있게 쉬었다는 것만으로도 좋았다고 칩시다. 요즘 의사들의 실태도 알았고. 기회가 있으면 기사로 쓸 테니 각오해요."

상당히 비아냥거리긴 했지만 마사토시는 결국 퇴원에 동의했다. 앞으로의 치료는 정치가와 연예인도 다니는 개인병원에 부탁하기로 했다. 그 병원은 사회적 지위가 어느 정도 있다는 이유로 제멋대로 구는 인간들을 다루는 데 익숙하다. 게다가 마사토시의 자존심에는 거기에 있는 편이 만족스러울 것이다.

퇴원에 관한 모든 수속은 다니카와 간호실장이 나서서 준비한 덕분에 눈 깜빡할 사이에 끝났다. 마사토시는 마지막으로 이런 말을 남기고 병동을 떠났다.

"오가와 선생님께 안부 전해주세요."

## 교묘한 자기 정당화로 피해자 되기

마사토시 같은 까다로운 사람은 병원뿐 아니라 어디에나 있을지 모른다. 게다가 마사토시의 문제 행동은 살인이나 강도, 방화 등 범죄로 재판을 받을 정도는 아니다. 넓은 마음으로 '그냥 좀 제멋대로인 사람인가 보다' 하고 넘길 수도 있다.

하지만 그렇다고 해서 마사토시가 면죄 대상은 아니다. 아내를 향한 언어폭력도 '정신적 폭력'으로 결코 용서받을 수 없는 일이다. 사실관계는 파악하지 못했지만 나는 그가 아내에게 '신체적 폭력도 가하지 않았을까' 아직까지 의심하고 있다.

마사토시에게 내린 정신과 진단이 그의 행동에 대한 방어막이 된다는 점은 정신의학이 잘못 기능하는 부분이라고 생각한다. 그는 물론 단순한 우울증은 아니다. 굳이 말하자면 '자기애성 성격장애NPD, Narcissistic Personality Disorder'라고 할 수 있다. 이는 쉽게 말하자면 병적인 나르시시스트다. 과거 일본 정신신경학회에서는 이를 '자기애성 인격장애'라고 번역했는데, 인격장애라는 용어는 인격을 전면적으로 부정하는 듯한 인상을 주기 때문에 '자기애성 성격장애'라고 부르겠다.

그렇다면 그냥 좀 제멋대로이거나 자기 자신을 좋아하는 성격과 '장애'의 차이는 무엇일까? 나르시시스트는 마사토시가 그러했듯 겉모습을 대부분 잘 꾸미고 다닌다. 그렇다면 정상 범위의 나르시시스트와 장애 수준의 나르시시스트는 어떻게 구별할까? 사실 이 문제는 정신의학이 아직도 해결하지 못한 과제다.

고전적인 '성격장애'(이전에는 인격장애)를 대략적으로 정의하면 성격(인격)이 비정상적으로 치우쳐져 본인이 괴롭거나 주위 사람을 힘들게 한다는 식으로 애매하게 표현된다. 지금도 이렇게 애매한 건 변함이 없어서 자기애성 성격장애의 진단 기준을 봐도 수치 등 객관적 지표가 부족하기 때문에 해석하기에 따라서는 얼마든지 해당되는 사람이 있을 것 같다는 생각이 든다.

남용되기 쉬운 만큼 상식적인 정신과 의사는 이 진단을 내리는 데 상당히 신중하다. 반드시 확인해야 하는 점은 '유소년기 때부터 자기중심적인 성격이 일관적으로 이어져 왔는가' 하는 부분이다. 물론 우울증이나 양극성장애, 조현병, 혹은 항정신병약의 부작용 등으로 자기 멋대로 이기적인 성격이 되는 경우도 드물지 않다. 하지만 이런 경우의 자기중심성은 상태가 안 좋을 때만 나타나는 어디까지나 일시적인 것이다.

마사토시에게 대형 언론사에 소속되어 있다는 사회적 권위가 있었을 때는 주위에서도 그의 자기중심적인 성격을 맞춰주었다. 하지만 그 후광이 흔들리자 주변에서도 자연스레 그의 나르시시스트 같은 성격을 맞춰주지 않게 되었다.

자기애성 성격장애에는 두 가지 서브타입이 있다고 알려져 있다. 하나는 자신이 얼마나 오만한지 전혀 자각이 없고 타인에 대한 공감 능력이 부족한 '무관심형'이고, 또 다른 하나는 타인의 평가에 대해 예민하게 반응하며 굴욕감이나 수치심, 분노를 느끼기 쉬운 '과민형'이다. 젊은 시절의 마사토시는 전자였을 테지만 일이 제대로 풀리지 않게 된 뒤로는 금세 피해자로 돌변하는 후자로 바뀌었을 것이다.

자기애성 성격장애의 분류와 심층심리에 대해 설명하려면 책한 권으로는 모자랄 정도로 많은 이야기가 있다. 자기애성 성격장애를 어떻게 치료하는지 궁금하겠지만, 현재까지 이용되는 치료법을 알고 나면 비관적일 수밖에 없다. 정신요법, 이른바 상담을 할 때도 자기애성 성격장애인 사람은 치료자를 마치 자기하인처럼 대한다. 의사를 비롯한 치료진은 환자의 자기중심적인 태도에 농락당해 무력감에 시달리게 되는 경우가 많다. 정신요법의 기본자세인 경청을 해도 자기애성 성격장애 환자가 득의양양하게 끊임없이 늘어놓는 자기 자랑을 긍정하는 것만으로는 치료에 전혀 의미가 없다. 상황이 이렇다 보니 그들에게 감사나 겸허의 중요성을 말해봤자 코웃음만 돌아올 뿐이다.

나도 마사토시에게는 계속 부정적인 감정을 품었고, 이런 감정을 통제하는 데는 보기 좋게 실패했다. 그렇다고 해서 마사토시를 도덕적으로나 윤리적으로 파탄 난 인격 이상자라고 단정하고, 더 이상 관여하지 않기로 마음먹는 것도 문제다. 미국 정신과학의 권위자인 사우스 캘리포니아 대학의 안토니오 다마시오Antonio Damasio 교수가 재미있는 연구를 했다.

뇌의 전두엽에는 '복내측전전두피질'이라는 부위가 있다. 이 부위는 정서 처리와 의사 결정에서 중요한 역할을 한다. 이 부분이 두부외상이나 뇌경색으로 손상된 환자에게 다마시오 교수는 다음과 같은 질문을 던졌다. "전쟁 중에 당신은 적군을 피해 헛간에 숨었습니다. 헛간에는 당신 외에도 열 명이 더 있었는데, 그 안에 함께 있던 아기가 울기 시작했습니다. 이대로는 적군에게 들키고 말 것입니다. 남은 사람들이 죽지 않기 위해서 아기를 질식시켜 죽여도 될까요?" 환자들은 전혀 동요하는 기색 없이 '당연히 아기를 질식시켜 죽여야 한다'고 대답했다고 한다.

이 연구 결과는 자기애성 성격장애 환자 혹은 사이코패스에게는 우리가 아직 모르는 뇌신경 이상이 있을 수도 있음을 시사한다. 하지만 이 문제를 깊이 파고들어 가다 보면 '인간에게 자유의지가 있는가', '그렇지 않으면 자기가 결정했다고 생각하는 일도 사실은 뇌신경의 상태에 따르는 것인가', '인간의 인격은 신경과학으로 모두 설명할 수 있는가' 하는 철학적 문제에 다다르게 된다. 과연 사회적으로 봤을 때 정상이라고 할 수 없는 마사토시의 행동은 '뇌의 문제에서 비롯된 것이기 어쩔 수 없다'며 용서받을 수 있을까? 애초에 철학적 문제에 대한 명쾌한 해답이나 적절한 치료 수단이 존재하는지도 알기 어렵다. 지금으로서는 마사토시 같은 사람에게는 가능한 한 관여하지 않고, 피해가 올

것 같으면 자신보다 윗선의 권위자나 조직의 규칙 등 쉽게 돌파할 수 없는 것에 의지하는 방법을 택하는 게 현명할 뿐이다.

자기애성 성격장애 경향이 있는 마사토시 같은 사람은 타인을 상당히 괴롭히는 성가신 존재다. 하지만 만약 마사토시의 뇌에서 분명한 이상이 발견되고, 게다가 자기중심성이 나이를 먹을수록 심해진다면 진단과 대응이 크게 달라진다. 다음 장에 등장하는 노령의 할아버지 마사지로는 뇌의 이상에 의해 자기중심성이 뚜렷해지고, 자신의 이상을 깨닫는 능력을 잃었다. 고령화가 진행되고 있는 우리 사회에서는 앞으로 간호시설만이 아니라 사회 곳곳에서 마사지로 같은 고령자에 어떻게 대응해야 좋을지 몰라 당혹스러워하는 사람이 늘어날 것이다. 마사토시 같은 나르시시스트보다 마사지로 같은 노인을 만나게 될 가능성이 훨씬 더 높다. 그만큼 우리가 큰 영향을 받게 될 것이 분명하다.

---

### DSM-5

(미국 정신의학회의 《정신질환 진단 및 통계 매뉴얼》에

따른 자기애성 성격장애의 진단 기준)

---

과대성(공상 또는 행동 면에서), 칭찬받으려는 욕구, 공감력 결여 등 광범위한 양상으로 청년기에 시작되어 여러 상황에서 분

명하게 드러난다. 다음 중 다섯 개(혹은 그 이상) 항목에 해당되면 자기애성 성격장애라고 할 수 있다.

1. 자신의 중요성에 대해 과대한 느낌을 가진다. (예: 자신의 실적이나 재능을 과장하거나 충분한 실적이 없음에도 인정받기를 기대한다.)

2. 성공, 권력, 재능, 아름다움, 혹은 이상적인 사랑에 대한 공상에 사로잡혀 있다.

3. 자신은 특별하고 독특하기 때문에 자기처럼 수준과 지위가 높은 사람(혹은 기관)만 자기를 이해할 수 있다고 생각하며 그런 사람하고만 관계를 맺어야 한다고 생각한다.

4. 과도한 칭찬을 요구한다.

5. 특권 의식이 있다. 남보다 특별히 좋은 대우를 받으려 하고, 남들이 자신의 기대에 무조건적으로 부응하기를 바란다.

6. 대인관계에서 상대를 부당하게 이용한다. 즉, 자기 자신의 목적을 달성하기 위해 타인을 이용한다.

7. 공감이 결여되어 있다. 타인의 기분과 욕구를 이해하거나 신경 쓰려 하지 않는다.

8. 때때로 타인을 질투한다. 혹은 타인이 자신을 질투한다고 믿는다.

9. 거만하고 오만한 행동이나 태도를 보인다.

# 6장

# 사람들을 위협하고
# 공격하는 치매도 있다?

## 외래 진료실에서의 대소동 1

정신과는 추운 겨울이 되면 봄이나 가을보다 한가해진다. 환절기에 비해 쌀쌀하고 해가 드는 시간이 짧기 때문에 뇌와 신체의 움직임이 억제되기 때문인지도 모르겠다.

사건은 어느 추운 날 오전에 일어났다.

"선생님, 외래 진료실에 난리가 났어요."

내가 병동에서 전자 진료카드를 입력하고 있을 때, 사쿠라기 선생이 다소 흥분한 목소리로 외래 진료실에서 일어난 비상사태를 전했다. 사쿠라기 선생은 2년간 레지던트 생활을 마치고 올해부터 정신과에서 연수를 받고 있는 젊은 여의사다. 평상시 그녀는 환자와 동료를 스스럼없이 대했고, 하얗고 단정한 얼굴에 감정 기복이나 동요를 보이는 일이 없었다.

"환자가 소란을 피우는 건가?"

"맞아요. 접수처의 오시마 씨가 무척 난감해하더라고요."

사쿠라기의 표정은 별로 당황한 것처럼 보이지 않았다. 오히려 빨리 현장에 가보고 싶어 안달 난 구경꾼처럼 평소보다 눈에 생기가 돌았다. 정신과 의사들도 다양한 유형이 있다. 끈덕지게 자기 이야기를 늘어놓으며 붙들고 늘어지는 환자를 잘 다루는 의사가 있는가 하면, 흥분 상태의 환자를 단숨에 제압하는 것이 특기인 의사도 있다. 사쿠라기 선생은 겉으로 보기에는 얌전해 보이지만 상사인 내가 봤을 때는 후자 쪽에 속한다.

"그렇군. 같이 가볼까? 젊은 환자면 말리는 게 쉽지 않을 테니."

"네!"

근무한 지 10년이 넘는 베테랑이라도 흥분한 환자를 다루는 일에 익숙한 것은 아니다. 자칫 서툴게 대응했다가는 신변이 위태로울 수도 있다. 흥분한 환자를 대할 때 철칙은 우선 사람을 끌어모으는 것이다. 치료를 하는 장소인 병원에서는 의사가 앞장서야 한다. 안전상의 문제도 있기 때문에 일단 사람을 최대한 많이 부른다. 그런데 이런 큰 소동이 일어나면 동료를 돕고 싶다는 상부상조 정신이 발동해서 굳이 오라고 하지 않아도 자연스럽게 사람이 모이게 마련이다.

외래 진료실로 향하는 엘리베이터를 기다리는 동안 사쿠라기와 자연스레 소동을 일으킨 환자에 대한 대화를 나눴다.

"그나저나 어떤 환자지?"

"그게, 꽤 연세가 있는 할아버지예요. 지팡이를 휘두르고 있다는 걸 보니까요."

사쿠라기는 아이같이 천진한 미소를 띠고 나에게 이야기를 전했다. 만약 소동을 일으킨 사람이 아주 힘이 세고 체격이 좋은 청년이거나, 흉기를 비롯해 명백히 위험한 물건을 들고 있다면 경비원이나 경찰에게 대응을 의뢰해야 하고, 의료 관계자와 다른 환자의 안전 확보에도 더욱 신경을 써야 한다.

"뭐, 요즘에는 노인들이 문제를 일으키는 경우도 많으니까. 나이가 어느 정도지?"

"일흔 정도 같아요. 역시 치매일까요?"

사쿠라기뿐 아니라 똑똑한 젊은 의사는 서둘러 진단을 내리려는 경향이 있다. 70세는 고령이긴 하지만 사람마다 개인차가 크기 때문에 다른 문제도 충분히 생각해볼 수 있다.

"글쎄, 어쩌려나."

복도를 걷는 사람들은 현재 정신과 외래 진료실에서 일어나고 있는 사태를 전혀 모른다는 듯 무관심한 표정으로 스쳐 지나갔다. 무대인 외래 진료실이 가까워지고 있었다.

## 외래 진료실에서의 대소동 2

"도대체 어떻게 되어먹은 거야, 이 병원은!"

문을 열기도 전에 귀를 찌르는 듯한 성난 목소리가 들려왔다. 대기실에 들어서자 의사 가운을 입은 사람 일고여덟 명이 몸집이 작고 까무잡잡한 노인을 둥글게 둘러싸고 있는 모습이 보였다. 다른 환자들은 일시적으로 대피한 건지 대여섯 명 정도만 앉아 있었는데, 다들 놀란 표정으로 이 소동을 바라보고 있었다.

노인은 다소 당황한 기색으로 부들부들 떨면서 지팡이를 높이 들고 있었다. 휘두르진 않았지만, 마음만 먹으면 지팡이도 언제든지 흉기로 변할 수 있다. 노인이 맹렬하게 달려들며 지팡이로 위협한 탓인지 노인을 둘러싸고 있는 동료들은 다소 엉거주춤한 자세로 서 있었다.

"아, 선생님, 와주셨군요?"

오늘 외래 초진 담당자였던 시오카와 선생이 미안한 듯한 표정으로 우리를 향해 다가왔다.

"다들 모인 덕분에 좀 수그러들었어요. 사람들이 몰리면 당해낼 수 없다는 건 아는 모양이에요. 그래도 좀 전까지는 지팡이를 휘두르며 엄청난 기세였다고요. 일단 경비원을 불러뒀습니다."

"자세한 사정은 나중에 듣기로 하고, 도대체 왜 화를 내고 있는 거지?"

"쓸데없는 검사를 해놓고 돈을 내라고 한다면서 자기는 도저히 납득할 수가 없대요. 애초에 여기가 정신과라는 사실도 모르고 왔나 봅니다."

"다른 의원에서 소개한 건가?"

"아니요. 저희 병원 신경내과에서 연결해줬어요. 그쪽에서 봐주기 힘든 환자인데, 어떻게 해야 하냐고 물어보더라고요."

신경내과는 뇌졸중이나 파킨슨병처럼 신경 손상으로 손과 발, 언어 등 운동기능에 이상이 생기는 병을 치료하는 진료과다. 최근에는 외래로 건망증도 담당하면서 치매의 조기 발견에 힘쓰고 있다. 뇌신경과 관련된 병은 정신적인 문제가 생기기 쉽다. 실제로 뇌졸중이나 파킨슨병, 치매 등에 걸리면 우울 상태에 빠지는 경우가 있다. 그런 경우 정신과에 진료를 의뢰하곤 한다.

시오카와에게 이야기를 듣는 동안에도 노인은 폭력까지 휘두르진 않았지만, 째려보는 듯한 날카로운 눈빛으로 계속해서 온갖 욕설을 퍼붓고 있었다.

"너희들은 뭐야. 사람을 이렇게 함부로 대해도 되는 거야? 돈은 못 내니까 그렇게 알아. 나는 이런 곳에 올 필요도 없었다고!"

"네, 여기 오실 필요가 없는데 오셨군요."

외래 담당자인 다카야마 간호사가 노인에게 맞장구를 쳐주었다. 노인은 의료진이 자신을 함부로 대했다고 주장했는데, 구체적인 내용까지는 알 수가 없었다. 다카야마 간호사는 그가 하는 말을 반복할 뿐, 굳이 자신을 정당화하려 하거나 반론하려 하진 않았다. 만약 그렇게 하면 환자의 분노에 기름을 붓는 꼴이 되고 말 것이다. 베테랑 간호사인 다카야마는 그 부분을 충분히 인지하고 있었다.

"일단 다른 방으로 모실게요. 곧 사모님도 오실 텐데……."

사태를 수습하기 위해 리더십을 발휘해야 하는 시오카와는 그 자리를 어떻게 정리할지 우리에게 밝혔는데 목소리에 박력이 없었다. 최근에는 배우자의 고령화가 심각해지고 어려울 때 의지할 만한 친척 관계가 소원해지는 등 가족 기능이 저하되어서 의료 관계자도 가족에게 연락하고 조치를 취하는 데 애를 먹는 경우가 늘고 있다.

노인, 아니 이제는 마사지로라는 이름으로 부르기로 하자. 마사지로의 용모는 언뜻 보기에 치매처럼 보이진 않았다. 그는 군사나 인권 문제로 논쟁하는 사람 같은 표정이었다. 지금부터 그가 왜 이렇게 격노하고 흥분했는지 살펴보아야 한다. 이 시점에서 성급하게 '치매'라는 병명을 포스트잇 붙이듯 붙여놓는 일은 피해야 한다. 어쩌면 전혀 다른 가능성, 예를 들어 우리 병원 측에서 환자를 대할 때 어떤 과실이나 소홀함이 있었고, 이에 대한 정당한 반응을 보이는 것일지도 모르기 때문이다.

"어떻게 될까요?"

사쿠라기는 여전히 걱정스럽다기보다는 흥미롭다는 표정으

로 나에게 앞으로 일어날 일을 물었다. 창밖에서는 참새가 이런 소동에는 관심이 없다는 듯이 한가롭게 지저귀고 있었다.

"시오카와 선생은 이런 중재에 익숙해. 일단 시오카와 선생한테 맡기고 나중에 자초지종을 들어보면 사쿠라기 선생도 공부가 될 거야."

'사공이 많으면 배가 산으로 간다'는 속담처럼 지금은 지휘할 사람을 늘리지 않는 것이 현명하다. 시오카와 선생에게 도움이 필요하면 언제든지 연락하라는 말을 남기고 나는 외래 진료실을 뒤로한 채 병동으로 돌아왔다.


## 일시적인 수습

시오카와는 오후 한 시 무렵이 되어서야 의사 휴게실로 돌아왔다. 평상시와 다름없는 가벼운 표정과 여유로운 발걸음에서 그럭저럭 사태를 수습했다는 안도감을 느낄 수 있었다. 의사 휴게실에는 나를 포함해서 동료가 네 명 정도 있었는데, 다들 그를 보고 나서야 표정이 풀렸고 오후 업무를 시작하기 전에 잡담을 즐길 여유가 생겼다.

"겨우 수습했어요. 다른 방으로 데리고 갔더니 의외로 금방 차분해지더라고요. 하지만 문제는 이제부터예요. 아무래도 아내분

도 정신이 온전하지 못한 것 같거든요. 보건소도 상당히 난처해
하는 상황이에요."

시오카와가 마사지로의 약력과 현재 증세 등을 간추려 설명
했다. 마사지로는 대대로 농사를 짓는 집안 출신으로 농협 간부
로 일하는 등 그 지역에서는 그럭저럭 이름난 사람이었다. 실무
능력은 뛰어났지만 젊은 시절부터 성질이 급해서 얌전하고 고분
고분하던 아내에게 자주 심하게 짜증을 냈다고 한다. 아들이 한
명 있지만 농사짓기 싫다며 대학에서 공학부를 졸업한 뒤 자동
차회사에 들어가 현재는 규슈에 살고 있다. 거리에 상관없이 아
들과의 관계는 그다지 좋지 못한 것 같다.

40대 무렵부터 고혈압으로 가까운 내과에 다녔는데, 3년 전에
현기증과 구역질, 실어증 증세를 보여서 우리 병원에 구급차로
실려 왔다. 검사 결과 '경도의 뇌경색'이라는 진단을 받았다. 그
이후 우리 병원 신경내과에 통원하고 있었다고 한다.

"자주 있는 사례네."

마침 그 자리에 있던 오가와 부교수가 한마디 했다. 그는 자
기 담당이 아니면 남 이야기하듯이 말하곤 한다.

"그런데 2~3년 정도 전부터 기행이 눈에 띄게 나타났습니다.
현재 농협의 운영 방식은 글러먹었다며 자기가 비영리단체를 세
우겠다고 했다네요. 현縣 의회의 의원 사무실에 매일같이 찾아가
서 말도 안 되는 요구를 하기도 했고요."

"정치에 눈뜬 거 아니야?"

어느 압력단체에나 그 정도 열심인 사람이 한두 명은 있기 마련이다. 나는 그런 생각을 하며 짓궂게 물어보았다.

"아니요, 정상적인 행동은 아니었습니다. 듣자 하니 비영리단체를 만든답시고 상당한 빚을 졌나 봐요. 게다가 자기 의견에 반대하는 현 의회와 시 의회 사무실에 오물과 개 사체를 던져놓기도 했대요. 경찰이 두세 번 개입했는데, 형사사건으로는……."

살인이나 강도 사건이라면 모를까 노인의 비상식적인 행동 정도로는 경찰도 섣불리 나서기 어렵다. 경찰이 아니라도 이런 행동을 하는 노인을 보면 누구나 그냥 노망났다고 생각하고 넘어갈 것이다.

자식이 근처에 살았다면 부모의 이상을 감지하고 관련 기관에 상담을 했을지 모르지만, 최근에는 그렇지 못한 경우가 많다. 문제가 수면 위로 완전히 모습을 드러내고 나서야 수습이 시작된다. 주로 이웃 주민이 참다못해 보건소 등 행정기관에 민원을 제기하면서 절차가 진행되는 경우가 흔하다. 그런데 지방 도시 중에는 이웃 주민이 모두 혼자 사는 노인이라 서로 도와줄 처지가 아닌 지역도 있다고 한다.

"의료 상담실을 통해 보건소와 연락을 취했습니다. 보건소 쪽에서도 정신과 의사와 상담을 하고 싶었지만, 아직 손을 못 대고 있었다고 하더라고요."

가족의 승낙을 얻지 못해서 보건소도 정신과에 먼저 이야기를 꺼내기가 어려웠을지 모른다. 이처럼 어떤 사건이 일어났을 때 지금까지 은폐되어 있던 문제가 마치 둑이 터진 듯 표면에 드러나기도 한다.

"진단 결과는 어땠지? 앞으로 우리 과에 오는 건가?"

환자가 거절하면 여간해서는 강제적으로 정신과 검사와 치료를 진행할 수 없다.

"그 부분은 안심하셔도 됩니다. 신경내과의 마루야마 선생님과 대책을 논의할 테니까요."

시오카와는 이런 부분에 빈틈이 없다. 신경내과에서 인격으로나 실력으로나 가장 신뢰할 수 있는 마루야마 선생을 상담원으로 삼는 데 성공한 듯하다. 시오카와와 마루야마는 대학 동창으로 보트부 선후배 사이다. 이와 같이 학창 시절에 쌓은 땀내 나는 수직 관계가 환자의 운명을 결정하는 경우도 의외로 많다.

## 뇌졸중? 탈수?

내가 마사지로의 이름을 또다시 들은 것은 그로부터 석 달 뒤의 일이었다. 들자 하니 노년내과 병동에 입원했다고 한다. 마사지로가 어떻게 지내는지 나에게 알려준 이는 이번에도 사쿠라기였다. 사쿠라기는 마사지로의 정신과 담당 의사로 지명된 상태였기 때문에 지난번처럼 방관적인 태도는 아니었다. 지도의사는 내가 맡게 되었다.

사쿠라기는 공부도 열심히 하고 환자들과 소통도 잘하는 총명한 의사다. 유명한 명문 사립학교를 졸업한 인재답다. 다만 말을 너무 직설적으로 하는 게 문제다. 병명을 환자에게 통보하는 그녀의 말투는 명쾌하긴 하지만 때때로 환자나 환자 가족이 충격을 받지 않을까 걱정이 되기도 한다.

"선생님, 역시 뇌혈관성 치매 같습니다."

사쿠라기가 갑작스럽게 결론부터 꺼냈다. 결론을 처음에 이야기한 다음 근거를 보충해가는 설명 방법은 나쁘지 않다.

"내과 병동에서는 점잖게 지냈나?"

"저녁 이후에는 신경이 좀 날카롭긴 한데, 지팡이를 휘두를 정도는 아니에요. 다만, 자기 멋대로 행동하는 경우가 많습니다. 옆자리 환자의 찐빵을 허락도 없이 먹어버린 일이 있대요. 그 환자도 치매라서 별다른 소란 없이 넘어가긴 했지만요."

지팡이에 그렇게 집착할 필요는 없어 보인다.

"그런데 왜 내과에 입원한 거지?"

"아무래도 탈수 때문인 듯합니다. 날씨가 푹푹 찌는데 밭일을 하러 나갔다가 쓰러져 있는 걸 누가 발견했대요."

"검사 결과는 나쁘지 않고?"

"링거를 놨더니 의식이 돌아오고 전해질 농도도 정상으로 돌아왔어요. 그 외에 두드러진 이상 소견은 없습니다."

"지난번에 한바탕 소란을 벌이고서 시오카와 선생의 외래 진료를 받고 있었던 건가?"

"아니요. 정신과에는 결국 오지 않았어요. 대신 신경내과의 마루야마 선생님한테 외래 진료를 받으러 한 달에 한 번 정도 내원합니다. 뇌경색 후유증이라는 진단이에요. 뇌 CT와 MRI를 봐도 확실히 다발성 뇌경색이 있고요."

"치료는 어떻게 진행되고 있지?"

"항혈소판 약만 먹고 있어요. 안정이 안 될 때가 있어서 딱 한 번 항정신병 약을 사용했는데, 이번에 쓰러지는 바람에 금방 중단했다고 합니다."

고령자는 약에 부작용이 나타나기 쉽다. 따라서 일반 성인의 반, 혹은 4분의 1, 8분의 1 등 소아과처럼 소량만 처방하는 기술이 필요하다.

"하세가와식은 해봤나?"

하세가와식이란 '하세가와식 간이 지능평가 스케일'을 줄인 말이다. 이는 간단한 기억이나 계산 문제로 구성되어 있는 치매용 문진표인데, 30점 만점에 20점대 전반을 밑돌면 치매를 의심해볼 수 있다. 하세가와식은 일본에서 치매 여부를 판단할 때 빼놓을 수 없는 평가 척도가 되었다.

"26점이었습니다. 기억력은 꽤 괜찮은 편이죠."

"검사에는 협조적이었나?"

"네, 상당히 열심히 했습니다. 다만 빙빙 돌려가며 불필요한 말을 많이 했습니다. 젊은 시절 무용담도 이야기하고 농업과 의료에 대한 이런저런 불만도 털어놓고요."

"괜히 화를 내진 않고?"

"여성에게는 그나마 조금 상냥하게 굴더군요."

자극을 받으면 곧바로 반응하는 것이 사쿠라기의 장점이자 단점이다. 환자에 따라서는 불필요한 자극이 될 수도 있다.

"치매치고 인지기능은 나쁘지 않군. 일단 한번 만나볼까?"

실제로 만나 진료하지 않고 데이터만 보고 회의하는 것은 환자의 치료에는 물론이고, 젊은 의사를 교육하는 데도 바람직하지 않다. 자신이 가르치는 의사에게 모범을 보이는 것도 지도의사의 업무 중 하나다.


## 지나치게 규칙적인 생활

노년내과 병동은 정신과와는 다른 건물 7층에 있다. 대학병원 내과는 예전에는 제1내과, 제2내과 이렇게 '넘버'를 붙여 이른바 '넘버 내과'로 불렸다. 각 전문의가 모두 모인 복수의 내과가 서로 경쟁하며 실력 향상을 꾀한다는 이유에서였다. 하지만 순환기내과, 호흡기내과, 소화기내과로 분류하는 편이 합리적인 데다가 숫자로 분류하면 환자 입장에서 그곳에서 무슨 치료를 받는지 알기 어렵다는 비판도 나와서 대부분의 대학병원에서는 장기별로 내과가 재편되었다.

그런데 이렇게 나누었을 때 단점도 있다. 심장이 나쁜 데다가 위도 좋지 않고 당뇨병까지 있는 등 다양한 병을 한꺼번에 앓기 쉬운 고령자에게는 전문 분야별로 편성된 것이 오히려 불편하다. 호흡기내과 의사에게 "최근에 혈압이 높아서……"라고 말해봤자 "그 부분은 제 전문이 아니니 순환기내과 선생님께 상담해주십시오"라는 말을 들을 것이 뻔하기 때문이다. 그래서 노년내과는 고령자를 장기별로 쪼개서 진료하는 것이 아니라 통합적으로 치료하려는 목적으로 운영된다. 확실히 마사지로만 보더라도 심장이나 폐, 위 등 특정한 장기 하나가 나쁜 것이 아니다.

마사지로의 병실은 간호사 카운터에서 그리 멀지 않은 널찍한 방이었다. 비교적 간호사의 눈길이 잘 닿는 곳이다.

"마사지로 씨는 어때요?"

사쿠라기는 병동에서 안면이 있는 듯한 간호사를 붙잡고 마사지로의 상태를 물어보았다.

"건강 그 자체예요. 말을 에둘러 길게 해 지루하긴 해도요."

"뭔가 이상한 행동을 하진 않았나요?"

"지금까진 별다른 문제 없이 지내고 있어요. 찐빵 사건만 빼고요. 단지 갑자기 멋대로 병동 밖으로 나가버리진 않을까 걱정이에요. 본인이 이제 퇴원하고 싶다고 했거든요."

"이상한 행동은 없었나요? 진료카드만 봐서는 차분하게 있는 것 같긴 한데, 혹시나 해서요."

간호사가 쓰는 간호기록지는 의사의 진료카드와 달리 식사와 배변, 보행 등 일상생활에 밀착해서 기재해놓은 내용이 많다. 고령자를 위한 장기요양보험이나 요양시설에 정보를 제공할 때는 의사의 진료카드에 적힌 내용보다 더 도움이 된다.

"가끔씩 화를 내요. 간호사가 늦게 온다고요. 하지만 문제가 될 정도는 아니에요. 좋은 말로 어르면 지금까지는 그냥 넘어갔거든요."

병동에서 지팡이를 휘두르는 일은 없었나 보다.

"그런데 좀 특이하다고 생각되는 점이 있어요."

때로는 간호사가 무심코 내뱉은 말이 진단에 결정적인 역할을 하기도 한다.

"어떤 점이죠?"

"생활 패턴에 융통성이 전혀 없어요. 동일한 시각에 목욕을 하고, 물건을 사러 가야 해요. 지난번에도 입욕 시간이 평상시보다 늦어진다고 했더니 노발대발하는 바람에 결국 마사지로 씨한테 맞춰줬다니까요."

사쿠라기와 간호사의 대화를 듣다 보니 나도 한 가지 확인해 두고 싶은 것이 생겼다.

"식욕은 어떻습니까?"

"왕성해요. 그런데 편식이 심해요. 생선은 거의 남기더라고요. 단것도 그다지 좋아하지 않는지 짭짤한 과자만 먹어요. 퇴원도 얼마 안 남아서 주치의도 그냥 너그럽게 봐주는 듯해요."

이것으로 진단을 내리는 데 힌트가 될 만한 정보는 거의 다 얻었다. 이제 환자와 직접 대화를 해볼 차례다.

마사지로의 침대는 간호사 카운터에서 엎어지면 코 닿을 거리에 있는 4인실의 복도 쪽 자리에 있었다. 복도 쪽이지만 복도 맞은편에 동향으로 난 창이 있어서 오전 시간에는 꽤 밝고 개방적인 느낌을 준다.

마사지로는 천장을 보고 누워 있었다. 하지만 눈을 똑바로 뜨고 있는 걸로 봤을 때 잠이 든 건 아니었다.

"안녕하세요, 마사지로 씨."

"아, 사쿠라기 선생이군? 수고가 많네."

마사지로는 사쿠라기에게 격려의 인사를 건넸다. 외래 진료실에서 욕을 하며 소란을 피우던 인물이라곤 상상하기 어려울 만큼 상냥한 표정이었다.

"몸 상태는 좀 어떠세요?"

"몸 상태? 보면 알잖아. 이제 건강해졌어. 선생도 오늘은 화장이 잘 받았네. 뒤에 이마가 넓고 눈이 가는 선생은 누구신가?"

"저는 사쿠라기의 상사인 니시다라고 합니다."

"아, 수고가 많네."

이렇게 말하면서 마사지로는 양손을 가볍게 짝 하고 쳤다. 유쾌한 어조였지만 다소 예의가 없다는 인상을 받았다. 사쿠라기는 마사지로의 무례한 발언은 개의치 않고 문진을 계속했다.

"식사는 맛있게 하고 계세요?"

"병원 밥이야 뭐. 맛있을 것도 없고, 맛없을 것도 없지."

"생선은 싫어하시나요?"

"싫어해. 눈치 안 보고 남기고 있어. 꼭 다 먹어야 되는 건가?"

별것 아닌 일로 금세 기분 상하는 것은 분명해 보인다.

"아니요, 다 안 먹어도 돼요. 저도 생선을 싫어하는걸요?"

"그래? 자네도 그렇단 말이지?"

마사지로는 또 한 번 짝 하고 손뼉을 쳤다. 아무래도 대화가 끊길 때 하는 독특한 버릇 같다. 그나저나 사쿠라기는 젊은 사람치고 대화를 참 잘 맞춰준다. 이렇게 대해주니 더 이상 지팡이를 휘두를 일이 없는 건지도 모른다.

계속해서 진찰을 이어가는 것이 자연스러운 분위기였는데, 마사지로가 갑자기 침대에서 벌떡 일어나 병실을 나가려고 했다. 너무나도 갑작스러운 돌발 행동에 노련한 사쿠라기도 적잖이 당황한 표정이었다.

"마사지로 씨, 왜 그러세요?"

"매점에 갈 시간이야."

"진찰받은 다음에 가시면 안 되나요?"

"안 돼!"

마사지로는 험상궂은 표정으로 우리를 꾸짖고는 우리의 존재 따위는 신경 쓰지 않는다는 듯이 재빨리 병실을 빠져나갔다. 걸음걸이도 힘차서 금방이라도 뛸 듯한 기세였다.

사쿠라기는 곤혹스러운 표정이었고, 나는 언젠가부터 쓴웃음을 짓고 있었다.

"자, 그럼 앞으로 어떻게 할지 생각해볼까?"

"네, 알겠습니다."

간호사에게는 앞으로의 치료 방향을 검토한 다음 병동 의료진에게 전달하겠다고 말하고는 노년내과 병동을 나왔다.


## 둘만의 케이스 콘퍼런스


정신과 병동에 돌아오자마자 사쿠라기와 함께 앞으로 마사지로를 어떻게 치료할지 방향을 정하는 케이스 콘퍼런스를 시작했다. 케이스 콘퍼런스라고 거창하게 말은 했지만 사실 전자 진료카드를 앞에 두고 앉아 교육적인 대화를 나눌 뿐 긴장감 넘치는 발표를 하거나 뜨거운 논쟁을 주고받는 회의는 아니다.

"진단을 내리기 전에, 환자 상태를 어떻게 보나?"

"병동에서는 별문제 없이 생활하고 있지만, 억제가 안 되는 걸로 보입니다."

무례한 발언이나 제멋대로인 행동 등 충동이나 감정을 억누르지 못하게 된 상태를 정신과 의사들은 '억제력이 결여되었다' 혹은 '탈억제 상태다'라고 표현한다. 확실히 마사지로는 억제 능력이 부족하다.

"인지기능 장애에 대해서는 어떻게 생각하지?"

"조금 있지만 그렇다고 치매는 아닌 것 같은데요?"

인지기능 장애란 쉽게 말하면 건망증이다. 그런데 마사지로의 기억력은 비교적 또렷하다. 다른 치매 환자는 애초에 주치의의 이름과 얼굴도 가물가물해하는데, 마사지로는 사쿠라기의 이름을 분명히 기억했다. 하세가와식 검사 결과로 봐도 치매에 걸린 사람이라고 생각하긴 어렵다.

"그 외에 또 생각나는 건 없고?"

"생활 패턴이 상당히 틀에 박혀 있어요."

그는 정해진 시간에 정해진 곳에만 가는 전철 시간표 같은 생활 패턴을 보였다. 긍정적으로 보면 규칙적인 생활을 한다고 할 수 있다.

"혈관성 아니면 FTD, 둘 중 어느 걸까요? MRI로는……."

"같이 한번 볼까?"

혈관성이란 '뇌혈관성 치매'를 가리키고, FTD란 '전두측두 치매'의 약자다. FTD는 윤리의식, 판단력 등 인간의 특징이라고 할 만한 고차원적인 기능을 담당하는 전두엽이 위축되어 생기는 치매의 일종이다. 확실히 이 병에 걸리면 마사지로처럼 탈억제를 보이는 경우가 많다. 내 경험을 돌이켜보면 이런 환자는 사람들이 줄을 서 있는데 아무렇지 않게 끼어들어서 싸움을 일으키고, 동네에 있는 벤츠 차량의 엠블럼을 모조리 찌그러트리는 등 상식적인 차원을 뛰어넘는 기이한 일탈 행동을 보인다.

하지만 탈억제는 비단 FTD만의 특징이 아니다. 뇌혈관성 치매에 걸려도 억제력이 결여되는 일이 자주 일어난다. 또한 FTD 중에서도 전두엽 어디가 위축됐느냐에 따라 의욕이 사라져 마치 우울증에 걸린 것처럼 행동하는 사람도 있다.

"뇌 MRI를 다시 한번 볼까?"

사쿠라기는 내 말이 끝나기 무섭게 전자 진료카드를 재빠르게 몇 번 클릭하더니 뇌 MRI 사진을 화면에 띄웠다.

"확실히 전두엽은 위축되어 있지만, 이 나이에 이 정도 위축되는 건 흔한 일이지. 뇌경색이 있었던 흔적이 확실히 남아 있긴 한데, 뇌혈관성 치매라고 할 만큼 혈관성 병변이 심하진 않아."

만약 전두엽에 심하게 오그라들어 위축되어 있으면 FTD가 확실하다.

"그러니까요. 이 정도 되면 보통 정신이 온전한데 말이죠."

사쿠라기는 임상 경험을 상당히 오래 쌓은 베테랑 의사 같은 말투였는데, 지당한 말이라 반론할 여지가 없었다.

"그런데 그 상동행동은 FTD의 증상인데……."

상동행동이란 특정 행위나 행동을 반복하는 상태를 말한다. 대화가 끝날 때마다 손뼉을 치는 동작도 상동행동에 해당된다. 시간표를 따르듯 움직이는 생활 또한 전형적인 상동행동이다.

"만일을 위해서 뇌 신티그램Brain scintigraphy도 찍어두자고."

MRI 사진에서 뇌가 위축된 게 명확하게 보이면 이미 치매가 진행된 상태다. 뇌가 위축되기 전에 먼저 혈류가 정체되는데 뇌 신티그램은 이런 혈류 저하를 찾아낸다. FTD라면 전두엽을 중심으로 혈류가 제대로 흐르지 못하고 있을 것이다.

"알겠습니다. 예약을 잡아놓을게요."

"심리검사도 해보자고. FAB(전두엽 기능검사)면 될 거야."

전두엽에만 이상이 있으면 기억력이 많이 떨어지진 않는다. 따라서 전두엽 기능에 초점을 맞춘 심리검사가 필요하다. FAB는 임상에서 자주 사용하는 검사다.

마사지로를 진단하기 위해 이렇게 검사 방향을 정했다. 어쨌든 치매라는 사실은 분명해 보였다. 앞으로 어떻게 치료할지 이야기를 꺼내자 사쿠라기의 표정이 금세 어두워졌다. 애초에 '치료'가 가능하긴 할까?

## 병원에서 일어난 두 번째 갈등

치매 환자에게 앞으로의 치료 방향을 이야기하는 것은 의사로서도 마음이 무거운 일이다. 치매는 수술이나 투약으로 개선되거나 치료되지 않는다. 따라서 치료 방향도 본인과 보호자에게 도움이 될 만한 환경을 어떻게 조성할 것인가를 중심으로 결정한다. 다만 외래 진료실에서 지팡이를 휘두를 만한 흥분 상태가 계속되면 진정제 투여도 고려해야만 한다.

"본인은 퇴원을 원합니다. 내과에서도 신체적으로는 문제가 없으니 퇴원해도 좋다고 하고요."

아이러니하게도 몸이 건강해지면 더욱 제어가 되지 않는 행동을 할 가능성이 크다. 이대로 퇴원시켜도 될까? 사쿠라기의 표정에서 망설임이 묻어났다.

"의료보호 입원을 시킬 필요가 있을까?"

강제 입원이 필요하겠냐는 질문이다. 이 무거운 질문에 평소에는 반응이 빠른 사쿠라기도 심각한 얼굴로 생각에 잠겼다.

"지금 단계에서는 곧장 정신과로 과를 옮겨서 입원하는 건 좀 그럴 것 같아. 가족들도 납득하지 않을 거고. 장기요양보험도 재검토해서 간호 체제를 제대로 정비해야 할 텐데……. 아들이 발 벗고 나서줬으면 좋겠군."

가족들이 간호와 간병에 대한 모든 짐을 져야 하는 것은 아니지만, 환경을 조정하는 데 창구 역할은 해주어야 한다.

"케이스워커caseworker(의료기관에서 치료나 재활 등이 적절하고 효율적으로 이루어지도록 환자와 환자 가족을 돕는 사람 - 옮긴이)인 안도 씨의 도움을 받는 게 좋겠어. 노년내과 담당 의사에게는 내가 진단 결과를 전달해둘게. 아마 FTD일 거야."

앞으로 가족들에게 연락을 취하고 행정 서비스를 소개하며 금적적인 문제를 해결해야 하는 등 여러 과제가 놓여 있는데, 의사가 이런 업무를 모두 대신하기란 사실상 불가능하다. 시설에 들어가는 일도 고려해야 하는 고령자를 관리하는 데는 케이스워커가 없어선 안 된다.

"'전두측두 치매일 가능성이 농후하며 일탈 행동은 앞으로도 계속될 가능성이 높다. 자택에서 혼자 생활하는 것은 어렵고, 경우에 따라서는 정신과 입원이 필요할지도 모른다'이렇게 안도 씨에게 전달하면 되는 거죠?"

"그렇지. 그러면 옮겨갈 만한 병원에 소개장을 써주지 않을까? 나중에 함께 서류를 확인해보자고."

"알겠습니다."

이때 갑자기 사쿠라기의 원내 무전기가 울렸다. 사쿠라기는 무전기로 두세 마디쯤 주고받더니 평상시의 차분한 모습과는 달리 꽤나 놀란 목소리로 "네? 정말요?" 하고 되물었다.

"무슨 일이지?"

"노년내과에서 연락이 왔는데요, 마사지로 씨가 주차장에서 담배를 피웠대요. 의학부 학생이 그걸 저지하다가 하마터면 얻어맞을 뻔했다네요."

최근에 뉴스로 자주 접하게 되는 '욱하는 노인'의 모습이다. 역시 마사지로는 자신을 제어하는 능력을 이미 잃은 것 같다.

"보호자에게 곧장 연락을 취하자고. 노년내과 주치의에게 부탁해보지. 안도 씨한테 옮길 병원을 검토해달라고 전하고."

아마 이 사건을 들은 내과 병동에서는 앞으로 어떻게 대응하면 좋을지 물을 것이다. 남은 시간이 얼마 없다.


## 다른 병원으로의 이동

마사지로는 이튿날 동네 정신과 병원으로 옮기게 되었다. 상급 종합병원인 대학병원에는 고도의 치료가 필요하지 않은 이상 계속해서 입원할 수가 없다. 또한 대학병원 정신과는 개방병동open door system이어서 마사지로처럼 일탈 행동을 하는 환자를 관리하기가 어렵다. 체력을 회복한 마사지로가 낮에 불쑥 외출을 나갔다가 그대로 행방불명될 수 있기 때문이다. 병원 관계자에게 폭력을 휘두르는 일도 충분히 일어날 가능성이 있다. 따라서 이런 돌발 행동에 신속하게 대응할 수 있는 의료시설로 옮기는 것이 나을지도 모른다.

그의 아들은 아버지의 기행을 진작부터 들어왔지만, 병원을 옮기는 일에는 난색을 표했다. 아버지가 그나마 큰 병원에 입원했다는 데 안심했을 것이고, 아버지를 정신과에 입원시킨다는 게 께름칙하기도 했을 것이다. 우리는 개방병동에서는 안전을 담보할 수 없다고 말했다. 새로운 병원도 우리 대학병원과 연계된 곳이며 결코 아버지를 내쫓는 것이 아니라고 설득했더니 아들은 병원을 옮기는 일을 긍정적으로 검토하기 시작했다.

며칠 후, 사쿠라기가 나에게 보고할 게 있다며 찾아왔다.

"뇌 신티그램 결과가 나왔습니다. 역시 전두엽에 분명한 혈류 저하가 보였어요."

"그랬겠지."

"그나저나 마사지로 씨가 얌전히 입원해 있을까요?"

"그렇다고 그대로 집에 돌려보낼 수도 없으니까."

만약 마사지로에게 자신의 이상을 인식하는 능력이 약간이라도 남아 있어서 스스로 정신과에 외래 진료를 받으러 다니거나 방문 진료와 간호를 받는 등 다른 방법이 있었다면 퇴원이라는 선택지를 고를 수도 있었을 것이다.

"어떤 치료를 받게 될까요……?"

사쿠라기는 아직까지 우리가 내린 결론을 받아들이지 못하고 있었다. 분명 검사를 해서 치매라는 진단을 내렸는데 치료다운 치료도 하지 않고 다른 의료기관으로 마사지로의 미래를 떠넘기고 말았으니 왠지 찜찜한 기분이 들 만도 하다.

"그쪽 병원에 맡기자고. 우리도 할 수 있는 만큼은 했으니까."

물론 옮겨갈 병원에는 뇌 신티그램은커녕 MRI조차 없다. 그러니 우리가 어떤 종류의 치매인지 알려줘야 보다 정확한 치료와 간호 방향을 정할 수 있다.

"네."

젊은 의사에게는 성공 혹은 실패로 나뉜, 흑과 백이 분명한 결과만이 좋은 경험이 되는 게 아니다. 나는 이렇게 소화불량처럼 답답한 임상 경험도 앞으로 문제의식을 강화하는 데 도움이 되리라고 생각한다.


## 궁지에 몰린 노인들

최근 들어 '욱하는 노인'이 늘고 있다는 생각이 든다. 쓰레기 버리는 방법을 놓고 이웃과 시비가 붙어서 흉기를 꺼내 와 살인 미수를 저지르는 등 노인이 일으키는 살인 사건이나 상해 사건도 자주 접하게 된다. 전철에 얌전히 앉아 있던 아이를 방해가 된다는 듯 걷어차거나, 주유소에서 순서를 지켜야 한다고 지적한 종업원을 자동차로 치려고 하는 등 충격적인 사건도 있었다.

정말 인간성을 의심할 만한 참혹한 사건이 아닐 수 없다. 흉악한 범죄까지는 아니더라도 전철이나 가게, 병원 안에서 '욱하는 노인'을 실제로 목격하는 일은 확실히 늘어났다.

현대사회는 전대미문의 고령화 사회가 되었다. 일반적으로는 인구 대비 노인의 비율이 늘고 있기 때문에 범죄를 저지르거나 공격적인 행동으로 주위 사람들에게 피해를 끼치는 노인이 많아진 것도 어찌 보면 당연하다고 생각할지 모른다.

하지만 나는 '욱하는 노인'이 늘어난 데에는 사회환경과 신경과학적 변화 등 다양한 원인이 결부되어 있다고 본다. '욱하는 노인'의 증가를 단순히 고령화 탓으로만 돌리는 것은 성급한 결론이다. 범죄 백서에 따르면 제2차 세계대전 이후에 소년 범죄가 증가했다고 나와 있는데, 이 거친 소년들이 현재 고령을 맞이했다는 분석도 있다.

'마음씨 좋은 할아버지와 할머니'가 늘어나는 사회가 되면 좋겠지만, 현대사회의 현실은 그렇지가 않다. 핵가족화가 이미 자리를 잡았기 때문에 우리 사회의 노인들은 노후를 혼자 혹은 배우자와 단둘이 보내게 된다. 손주에게 '할아버지', '할머니' 소리를 들으며 위로를 받는 것도 고작해야 1년에 한두 번 정도밖에 안 된다. 운동기능이 떨어지면서 행동반경도 좁아진다. 버림을 받았다는 생각에 사회에 대해 공격적인 태도를 보인다고 생각해도 전혀 이상할 것이 없는 상황이다.

게다가 최근의 기술 발전과 개인정보 보호 시스템도 나이가 들수록 '버림받았다는 느낌'을 더욱 부추기지 않을까 싶다. 아직 늙었다고 하긴 어려운 나조차 인터넷으로 무슨 수속을 밟을 때마다 비밀번호를 기억하지 못해서 짜증 날 때가 많으니 말이다. 관공서나 은행도 이용 절차가 너무 복잡한 데다가 본인이 아니면 아무것도 진행할 수가 없다. 인터넷을 사용하지 못하면 전화를 해야 하는데, 콜센터에 전화를 해도 담당자와 연결되기까지 수많은 과정을 거쳐야 해서 비명을 지르고 싶은 마음이 드는 것도 이해가 된다. 연령층에 따른 정보격차는 몇 년 전과 비교할 수 없을 만큼 커졌다. 이런 세상의 흐름을 따라가지 못하는 노인은 이미 사회적 '고려장'을 당했다고 해도 과언이 아니다.

다만, 뇌신경 문제 역시 잊어서는 안 된다. 뇌는 연령에 따라 대뇌피질이 위축되거나 뇌혈관에 동맥경화가 일어나고, 심할 경우에는 뇌경색 등에 의해 그 기능이 떨어지게 마련이다. 현대에 들어와서 노인의 뇌가 쇠퇴하는 방식이 바뀐 것은 아니지만 끊임없이 변화하는 현대사회 환경에 대응하는 뇌의 반응이 '욱'하는 현상으로 드러나기 쉬워졌다고 할 수 있다.

나이를 먹으면 인간의 성격은 어떤 식으로 변하게 될까? 이상적으로는 모난 부분이 떨어져 나가고 둥글둥글해져서 이른바 '마음 넉넉한 노인'이 되는 것이다. 그런데 이와는 반대로 인격자가 나이를 먹으면서 대하기 어려운 사람이 되는 경우도 있다. 노인에게는 '성격의 첨예화'라고 불리는 현상이 흔히 나타난다. 젊은 시절의 성격 특성이 나이가 들면서 점점 더 두드러지는 현상이다. 젊은 시절에 성격이 급했던 사람이 점점 더 성격이 급해지는 것을 그 예로 들 수 있다. 물론 모든 노인에게서 '성격의 첨예화 현상'이 나타나는 것은 아니다.

그런데 이 '성격 변화'가 치매를 알리는 신호인 경우도 적지 않다. 치매의 증상이라고 하면 흔히 건망증이 심해지거나 날짜가는 것을 모르게 되는 상태를 떠올리는데, 그런 증상만 나타나는 것이 아니다. 치매는 알츠하이머 치매, 뇌혈관성 치매, 레비소체형 치매 등 여러 종류가 있다. 그중 반사회적인 행동을 동반하며 '자신의 이상'을 알지 못하는 유형은 마사지로와 같은 전두측두 치매인 경우가 많다. 건망증보다는 병식 저하가 주요한 증세라고 봐도 무방하다.

그렇다고 해서 욱하는 노인 모두가 전두측두 치매라는 진단을 받는 것은 아니다. 전두측두 치매라는 진단을 내리려면 두부 MRI 등을 통해서 전두엽이 위축된 것을 확인해야 한다. 하지만 꼭 전두측두 치매가 아니라도 '욱하는 노인'은 신경세포의 탈락 등에 의해 전두엽 기능이 저하되어 있다고 볼 수 있다. 다만 사회의 변화라는 원인도 있어서 옛날처럼 느긋하게 살아도 되는 시대였다면 괜찮았을 전두엽이 현대사회의 분주한 움직임을 견디지 못하고 '욱'하는 형태로 비명을 지르는 것일지도 모른다.

하지만 여기서 한번 생각해보기를 바란다. 만약 치매 환자가 '자신의 이상'에 대한 인식, 즉 병식을 계속해서 가지고 있으면 얼마나 힘든 노후를 보내게 될까? 자신이 조금씩 일상생활에 필요한 기능을 잃어가고, 가족과 타인에게 민폐를 끼친다. 게다가 아이가 병에 걸렸을 때처럼 회복되는 일이 결코 없어서 자기다움을 점점 잃게 된다는 공포와 절망만이 존재할 뿐이다. 그들의 남은 생을 생각했을 때는 차라리 '자신의 이상'을 깨닫지 못하는 것이 나을 수도 있다는 생각이 든다.

그런데 신경세포에 문제가 생겨 자신의 이상을 깨닫지 못하는 사람은 비단 치매를 앓는 노인만이 아니다. 어린아이에게 보이는 '발달장애'도 신경세포의 발달 이상이 그 원인으로 추정된다. 그런데 최근에는 어린 시절의 발달장애가 어른이 되어서도 그대로 남거나 혹은 사회생활을 하면서 표면적으로 드러나는 사례가 눈에 띄기 시작했다. 다음 장에 등장하는 유스케도 그중 한 사람인데, 그는 정말 자신의 이상을 인식하고 있을까?

# 7장

# 악의 없이
# 이상한 사람

## 나는 발달장애일까?

병원에 처음 온 환자는 소개장이 있어도 문진표에 필요한 항목을 스스로 기입해야 한다. 불편한 증상에 동그라미를 치고, 다른 과에서 진료를 받고 있으면 그에 대해서도 기술한다. 다른 진료과와 달리 정신과에서는 학력과 경력도 적는다.

오늘 신규 환자 담당인 나는 평소처럼 접수처의 오시마 씨에게 문진표를 받았다. 문진표에서 맨 먼저 확인하는 것은 환자의 이름과 성별, 연령인데 그 아래에는 '주요 증상' 항목이 있다. 가장 힘든 부분을 환자가 직접 표현하는 칸이다. 당연하겠지만 자신이 이상하다는 사실을 모르고 가족이나 상사에게 반강제적으로 끌려와 진단을 받게 된 사람은 이 항목을 비워두거나 '나는 이상하지 않다'는 식으로 쓰기 마련이다.

오늘 새로 온 환자는 모리타 유스케라는 27세 남성인데, 주요 증상 기입란에 이렇게 쓰여 있었다.

"발달장애인지 아닌지 검사하고 싶다"

나의 선배가 개업한 에모토 정신과의원의 소개장도 첨부되어 있었다. 그런데 소개장에는 "발달장애가 의심되며 환자도 귀원에서 검사와 진료를 받길 희망한다"는 다섯 줄 정도 되는 간략한 내용만이 적혀 있었다. 에모토 의원도 환자로 상당히 붐비기 때문에 자세한 검사나 평가를 실시할 수 없는 건 어쩔 수 없는 일이다.

나는 '또야? 요즘에 많이 오네……' 하며 한숨을 내쉬었다. 발달장애가 의심되어서 혹은 발달장애 정밀검사를 받으러 대학병원을 찾는 사람들이 매년 늘고 있다. 문진표를 더 자세히 살펴보자 증상란에는 '불안'이라는 항목에만 동그라미가 쳐져 있었고, 환각이나 건망증, 망상 같은 항목에는 표시가 되어 있지 않았다.

눈길을 끄는 것은 학력과 경력이었다. 유스케는 일본에서 명문대에 속하는 구 제국대학의 공학부를 나왔다. 게다가 같은 대학원을 졸업한 뒤 일부 상장 중인 유명한 상사에 다니고 있다. 서류로만 봤을 때는 지적 수준이 뛰어난 엘리트층으로, 사회적인 성공은 이미 보장된 거나 다름없어 보였다.

나는 문진표를 한번 훑어본 뒤, 마침 전화 응대가 끝나서 잠시 손이 빈 오시마 씨에게 환자에 대해 물어보았다.

"어떻게 보이는 사람이지?"

"아, 겉보기에는 평범한 회사원이에요. 좀 차분하지 못한 성격 같긴 한데, 대화는 별문제 없이 할 수 있어요. 잘사는 것처럼 보여요."

접수처의 작은 창문으로 대기실을 내다보니 양복을 입은 청년이 스마트폰을 만지작거리고 있었다. 평일 오전 시간에 오는 환자 중에 양복을 입은 젊은 남성은 거의 없다. 그렇다면 그가 유스케임이 틀림없다. 확실히 겉모습은 어디서나 볼 수 있는 흔한 청년의 모습이었다.

나는 문진표의 기재 사항을 전자 진료카드에 어느 정도 기입해두고, 준비를 마친 뒤 마이크를 통해 유스케에게 진료실로 들어오라고 알렸다.


## 독특한 사고와 행동 경향


"실례합니다"라는 목소리와 함께 진료실 문이 열렸다. 보통 키에 보통 체격인 젊은이가 가볍게 인사를 하고 들어왔다. 특징 없는 회색 정장 차림으로 검은색 뿔테 안경을 쓰고 있는 모습이 아주 평범한 회사원처럼 보였다.

"처음 뵙겠습니다. 저는 오늘 담당 의사인 니시다라고 합니다."

"잘 부탁드립니다."

첫 대면에 인사도 별문제 없이 나누었는데, 진찰실 안쪽을 가늘게 뜬 눈으로 두리번거리면서 나와 시선을 마주치지 않았다. 하긴 일반인 가운데 눈을 마주하며 대화하는 사람이 얼마나 될까 싶긴 하다.

"발달장애인지 아닌지 알고 싶으시다고요? 왜 그런 생각을 하셨나요?"

"인터넷과 책에서 정보를 찾아봤더니 그 내용이 대부분 저에게 해당되는 것 같더라고요. 상사와 동료한테 '너는 진짜 분위기 파악을 못 한다, 아스퍼거장애 아냐?'라는 소리를 자주 들었고요. 좋은 일은 서두르라고, 인터넷에서 검색한 의원을 찾아가서 바로 진찰을 받았어요. 그런데 거기서는 정밀한 심리검사를 할 수 없다며 소개장을 써줄 테니 대학병원에 가보라고 하더라고요. 그래서 여기로 왔습니다."

'진찰받는 일이 좋은 일인가' 하는 나의 당황스러움 따위는 전혀 신경 쓰지 않는다는 듯 유스케는 말을 이어갔다. 파충류를 닮은 그의 얼굴에서는 감정이 잘 드러나지 않았는데, 눈꼬리가 살짝 실룩거리는 것만 보아도 그가 지금 긴장하고 있음을 알 수 있었다.

"발달장애는 최근에 증가하는 추세죠? 그런데 대학병원이 아니면 진단할 수 없다니 참 비효율적이네요. 특수한 검사 방법이라도 있는 건가요?

한자어가 많은 딱딱한 표현을 사용하는 것이 아무래도 그 나이대 말투라고 하기에는 부자연스러운 느낌이 들었다. 게다가 여전히 나와 시선을 마주하지 않고 있었다. 눈 마주치기가 두려워서라기보다는 내 시선이 가면 반사적으로 힐끔거려서 눈동자가 좌우로 흔들리는 것 같았다.

"검사를 하기 전에 유스케 씨의 어린 시절을 알아야 하고, 현재 생활하면서 불편한 부분이 무엇인지를 확인해야 합니다. 지금 불편을 겪고 있는 일이 있다면 구체적으로 어떤 건가요?"

"불편하다고 하면 일적인 부분을 말하는 건가요, 아니면 사적인 부분을 말하는 건가요?"

"일단 일부터 이야기해주시겠습니까?"

"여러 가지가 있는데요. 일단은 직장의 비효율성이라고 할까요? 프로젝트의 성과는 KGI(핵심목표지표)가 아니라 KPI(핵심성과지표)로 평가해야 하는데 말이죠."

유스케는 자신의 업무 내용을 나에게 설명했다. 듣자 하니 유명한 무역회사에 다닌다고 하는데, 전문 용어를 많이 써서 그쪽 분야에는 문외한인 나는 도통 무슨 말인지 이해할 수가 없었다. 그는 마치 세상 사람 모두가 이 용어를 알고 있다고 확신하는 듯한 말투였다. 나는 분명 그런 어려운 용어는 모른다는 곤혹스러운 표정을 짓고 있었을 텐데, 유스케는 내 표정에는 관심이 없어 보였다.

"최근에 읽은 책에 감화되어서 일주일에 두 번은 무슨 일이 있어도 정시에 퇴근하고 있습니다. 과장님이 화를 낸 적도 있는데 '그러니까 생산성이 안 올라가는 겁니다' 하고 직언을 드렸죠."

이런 부하 직원이 있으면 분명 다루기 힘들 것이다. 과장에게 저렇게 말하는 유스케의 생산성은 과연 높을까?

"인간관계에서 오는 스트레스 때문에 우울증에 걸리는 사람도 많은데, 그런 부분은 어떤가요?"

유스케의 개인적인 생각만 듣고 있을 수 없었던 나는 일단 직장 내 인간관계를 살펴보기로 했다.

"까다로운 사람도 있지만, 저는 원만하게 지내고 있다고 생각합니다. 상사도 이해심이 있는 사람이고요."

상사의 고충을 상상하고 이해할 만한 힘은 없는 것 같은데, 아직 어려서 어쩔 수 없는 부분도 있을 것이다.

"어린 시절에는 어떤 아이였습니까?"

"부모님은 손이 안 가는 아이였다고 했습니다."

발달장애를 진단하려면 성장 과정을 알아야만 한다. 하지만 본인에게 물어봤자 기억을 잘 못해서 도움이 되지 않는 경우가 대부분이다. 과거에는 생활기록부도 살펴봤는데, 요즘에는 안 좋은 평가를 하거나 학생의 문제점을 지적하면 보호자가 들고

일어나서인지 생활기록부가 평준화되어 예전만큼 참고가 되진
않는다.

"어릴 때 좋아했던 취미 같은 건 있었나요?"

"레고 블록에 빠져서 매일같이 했습니다. 부모님도 '머리가 좋
아진다'면서 계속 새로 사주셨고요."

그러고 보니 머리가 좋은 아이는 블록 놀이를 좋아하는 경우
가 많다고 들은 적이 있다. 레고는 전혀 나쁠 게 없다.

"대학 시절에 동아리 활동을 해봤나요?"

이 질문을 받고 유스케의 얼굴이 조금 어두워졌다.

"실은……. 아무것도 안 했어요. 캠퍼스 라이프를 동경해서 잠
깐 테니스 동아리에 들어갔었는데, 여자애들이랑 말이 안 통해
서 가기 싫어지더라고요. 합숙 훈련을 하면서 밤새 수다를 떠는
것도 저한테는 안 맞았고요."

동아리 활동을 하지 않는 학생이 늘고 있긴 하지만, 유스케는
아무래도 사람들과 잘 어울리지 못했던 것 같다.

이 시점에서 유스케에게 독특한 사고와 행동 경향이 있다는
사실을 알게 되었는데, 그것이 장애 수준인지 개성의 범주인지
판정하긴 어려웠다. 사실 의학적으로 정상과 이상에 명확하게
선을 그을 수 있는 날이 언젠가 올지 아니면 영영 오지 않을지
아직 알 수 없다.

"확실히 발달장애, 특히 아스퍼거장애와 유사한 부분이 있긴

하지만, 장애라고 진단할 정도인지는 판단하기 애매하군요. 심리검사를 받아서 범위를 좁히면 적어도 본인의 개성을 지금보다 더 잘 이해할 수 있을 겁니다. 욕심을 부리자면 뇌파검사도 해서 다른 이상이 있는지 확인해보고 싶네요."

"뇌파는 됐습니다. 간질도 아니고, 돈이 아까우니까 심리검사만 부탁드립니다."

유스케는 혼자서 치료 방법을 정하려는 듯한 말투로 자신이 내린 결정을 말했다. 하지만 다른 질환을 적극적으로 의심할 필요성은 별로 없어서 그가 하는 말에도 일리가 있었다.

"그러면 검사 예약을 잡죠. 그런데 심리검사 결과만으로 정확한 진단이 내려지는 건 아니라는 사실은 알아두시기 바랍니다."

"알겠습니다. 인터넷에도 그렇게 나와 있었어요."

일단 심리검사로 모든 걸 알 수는 없다는 사실을 언급한 다음 유스케와의 초진 면담을 마쳤다. 유스케는 진료실을 나가며 나와 잠깐 시선을 맞췄다.


## 심리검사를 해봤지만

"선생님, 유스케 씨의 심리검사 결과가 나왔습니다."

임상심리사 다카오가 의사 휴게실에서 나에게 말을 걸어왔다.

초진을 한 지 두 달 정도 지난 시점이었다. 초진 당시에는 특별히 곤란한 증상이 눈에 띄지 않았기 때문에 그다음 진찰은 심리검사 결과가 나온 다음에 하기로 미리 약속을 해두었다.

"어떻게 나왔지?"

"음……. 애매해요."

일본에서는 2017년도부터 '공인심리사'라는 이름의 국가자격이 생겼는데, 이 당시는 아직 이전의 제도인 '임상심리사'의 시대였다. 흔히 심리사라고 말하면 상담사를 떠올리기 쉽다. 그렇지만 대학병원에서는 진단을 목적으로 하는 심리검사를 진행하는 것이 그들의 주요한 업무다. 무슨 병인지 알기 어려운 환자를 치료하는 등 고도의 의료기술을 제공해야 하기 때문에 진단이나 평가를 위한 심리검사를 담당하는 것이다. 상담은 외래 의원에서 하는 경우가 많다.

임상심리사 다카오는 아직 서른이 안 된 여성인데, 말씨가 부드럽고 일솜씨도 야무지다. 정신과 의사는 심리학과를 졸업한 것이 아니기 때문에 심리검사의 상세한 항목까지 훤히 알진 못한다. 따라서 환자를 치료하기 위해서는 능력 있는 심리사에게 검사 목적을 정확하게 전달하고, 검사 결과가 치료에 도움이 되도록 피드백을 받는 것이 중요하다.

정신의학의 세계에는 '이 검사 결과가 X점 이상이니까 Y장애'라고 진단하는 식의 분명한 판단 기준이 아직 없다. 만약 명확한 기준이 있다면 정신과 의사의 문진은 필요 없고 자동 검사기만 있으면 될 것이다. 어쩌면 미래에는 그런 날이 올지도 모르겠다.

"WAIS와 AQ를 해봤는데요, 아스퍼거장애가 틀림없다고 할 정도는 아니에요."

WAIS는 국제적으로 널리 사용되고 있는 '웩슬러 성인 지능검사'를 말한다. 우리가 익히 알고 있는 IQ(지능지수)는 이 검사를 통해 산출된다.

"IQ는 119였습니다. 학력에 걸맞게 나왔네요."

고학력자는 잡학을 비롯한 지식의 양이 풍부하기 때문에 IQ가 높게 나오는 것은 자연스러운 일이다. IQ가 높은 발달장애인은 국어 점수는 엉망인데 수학 점수는 타의 추종을 불허할 정도로 높게 나오는 등 WAIS의 항목 간 점수 차이가 크게 나는 경우가 많다. 유스케의 검사 결과를 자세히 들여다보면 '네덜란드의 수도' 등을 묻는 '지식' 항목의 점수는 예상대로 높았다. 하지만 몇 장의 카드를 주고 스토리가 완성되도록 순서를 바꾸는 '그림 배열'의 항목에서는 솔직히 아주 보잘것없는 점수밖에 얻지 못했다.

"잘하는 것과 못하는 것이 상당히 분명하게 나뉘어 있군."

"그림 배열을 잘 못하는 건 아스퍼거의 전형적인 특징일지도 모릅니다."

그림 배열을 하려면 등장인물의 표정을 살피며 감정을 읽어내는 힘이 필요하다. 이런 사회성을 요구하는 항목은 확실히 아스퍼거 성향이 있는 사람들이 어려워하는 분야다.

"그럼 AQ도 높은 편이지?"

"그렇긴 한데요, 이 정도인 사람은 많아서요."

다카오는 미소를 지으며 검사 결과가 보여주는 이상 신호를 감추려 했다. AQ란 '자폐증 스펙트럼 지수The Autistic-Spectrum Quotient'의 약자로, 케임브리지 대학에서 작성한 50개의 질문으로 구성된 아스퍼거 진단 테스트다. 다만 이것은 인터넷에서 다운로드해서 스스로 해볼 수 있기 때문에 꼭 임상심리사에게 받을 필요는 없다. 질문도 '다른 사람에게 실례되는 행동을 한다는 지적을 자주 받지만 스스로 자각하지 못한다'처럼 '그렇다'고 답하면 아스퍼거장애에 가까워진다는 사실을 눈치챌 만한 내용이 대부분이다.

"다카오 씨한테는 미안한 말이지만, 심리검사란 건 항상 결정타가 없어. 아니, 뭐 나쁜 뜻으로 하는 말은 아니지만."

"매번 죄송해요."

다카오는 생긋 웃으며 나의 독설을 받아넘겼다. 항상 드는 생각이지만 아스퍼거장애를 혈액검사나 MRI, 뇌파검사로 잡아낼 수 있으면 얼마나 명쾌할까 싶다.

유스케의 심리검사 결과를 보면 AQ는 다소 높은 편이지만 두드러지게 높은 것은 아니다. 굳이 말하자면 WAIS 항목 간의 점

수 차이가 아스퍼거장애의 특징을 보여준다. 이렇게 되면 '아스퍼거장애의 특성을 얼마나 가지고 있는가', 그리고 '그 특성이 성인이 되어서 갑자기 나타난 것이 아니라 유소년기부터 성인기까지 지속적으로 나타나고 있는가' 하는 부분이 중요해진다.

이처럼 회색빛 결과를 눈앞에 두면, 의학적으로 엄밀한 검사를 통해 내려진 진단 결과를 알리는 일이 '과연 환자에게 득이 될까' 고민하지 않을 수 없다. 빨리 치료하는 편이 좋은 병이라면 서둘러 알려줘야겠지만, 이렇게 애매한 결과가 나왔을 때는 어떻게 설명하고 대처해야 그의 미래에 도움이 되는 걸까?


## 본인에게 어떻게 전할 것인가

혈액검사 결과를 설명하는 것은 그리 어려운 일이 아니다. '콜레스테롤 수치가 높다', '약간 빈혈기가 있다' 등 일상적으로 나누는 건강 이야기와 별반 다를 바가 없기 때문이다.

반면에 정신과 검사 결과를 알릴 때는 환자의 마음이 상하지 않도록 섬세한 배려를 해야 한다. 검사 결과를 봐도 확실한 결론은 없기 때문에 환자에게 명확하게 설명하기가 어려운 것은 물론이고, '당신의 뇌(마음)에서 이런 엄청난 이상이 발견되었습니다'라는 말을 들으면 누구나 충격을 받을 수밖에 없기 때문이다.

유스케에게 대인관계와 커뮤니케이션에 문제가 있고, 타인의 생각이나 감정을 헤아리는 사회적 상상력이 부족하다는 사실은 분명하다. 다만 유소년기에 발달 특성이 어떠했는지가 불분명했다. 이를 제대로 파악하려면 그의 어머니에게 이야기를 들어야 한다. 하지만 먼 곳에 살고 있는 어머니를 당장 불러서 질문할 필요성은 느끼지 못했다.

심리검사 결과도 회색빛이라고 표현할 수밖에 없다. 일상생활에 큰 지장이 있다면 발달장애라고 해도 좋을지 모르지만, 유스케의 경우는 회사를 비롯한 사회에서 현재로서는 큰 문제 없이 생활하는 것 같다. 그런데 이를 무리하게 '장애'라는 틀에 끼워 맞춰서 좋을 게 있을까?

진찰 시간이 다가옴에 따라 전자 진료카드를 보며 유스케에게 어떤 식으로 말하면 좋을지 머릿속으로 그려보았는데, 아무리 해도 드라마같이 멋진 시나리오를 쓸 수가 없었다. 무엇보다 상대의 반응이 시나리오대로 나올 리가 없다. 어디까지나 검사 결과를 설명하는 것이긴 하지만 면담은 소위 '날것' 그대로다. 결국 스토리만 대충 구성해두고 면담에 임하기로 했다.

진료실에 들어온 유스케는 초진 때와 특별히 달라진 것은 없어 보였다. 그리고 여전히 나와 시선을 마주하지 않았다.

"심리검사는 어땠습니까?"

"지능검사는 꽤 어려웠습니다. 중학교 때 비슷한 문제를 푼 기억이 나더군요. 앙케트는 사실 인터넷에서 이미 해봤습니다. 심리사 선생님께 말씀드리진 않았지만요."

앙케트란 AQ를 말하는 것이다. 인터넷에서 찾아서 환자 자신이 어느 정도 검사를 진행하고 오는 것도 드문 경우는 아니다.

"그럼 이제 검사 결과를 말씀드려야 하는데요……."

암 검사 결과를 통보하는 자리라면 환자나 가족들이 극도로 긴장할 것이다. 하지만 심리검사에 대해 설명할 때는 생명과 결부된 병일지도 모른다는 긴박감이 전혀 없다. 유스케의 표정에도 특별히 긴장감이 더해진 흔적은 찾아볼 수 없었다.

"아스퍼거장애. 아니, 현재는 아스퍼거와 그 외에 자폐증 등을 총칭해서 자폐스펙트럼질환군라고 부르는데, 그런 경향은 분명히 있습니다. '분위기 파악을 못 한다'는 게 그런 성향을 보여준다고 할 수 있죠. 심리검사 결과에서도 상대방의 생각이나 감정을 잘 읽지 못하는 특징을 보였습니다."

"그렇겠지요."

약간 굳어진 표정 가운데 자신의 가설이 증명되었다는 만족감이 새어 나왔다. 어떤 의미로는 솔직하다.

"다만 '장애'라고 진단을 내릴 만큼은 아닙니다."

내가 이렇게 말하자 슬쩍 머리를 내밀고 있던 만족감이 사라지고, 뜰 앞에 있는 도마뱀 같은 무표정한 얼굴로 돌아왔다.

"'아스퍼거 경향'은 있지만, 직장이나 집에서 큰 문제는 없어

보입니다. 지금 단계에서는 '개성'에 가깝다는 생각이 들어요."

그의 표정이 '장애'를 부정당한 것이 의외라고 생각하면서도 한편으로는 안도하는 마음이 드는 것처럼 보였다.

"심리검사로는 확실히 알 수 없는 건가요?"

"당신은 지식이라면 충분하고도 넘칠 만큼 가지고 있습니다. 그런데 그림 배열은 성적이 좀 애매하더군요. 그게 아스퍼거 경향을 증명합니다. 하지만 그런 사람은 얼마든지 있으니까요. 특히 의사들이 그렇고요."

어쩔 수 없지만 사실이다. 의사 중에는 발달장애의 특성을 가진 사람이 상당히 많다. 그리고 의사를 예로 들어 설명하면 환자는 자신이 가진 발달장애 경향을 비관적으로 생각하지 않고, 오히려 긍정적으로 받아들이는 경우도 있다.

"선생님도 아스퍼거 같네요. 왠지 그런 느낌이에요."

"그런 말을 거침없이 하는 게 아스퍼거 같다는 겁니다."

이때 유스케는 처음으로 자연스러운 미소를 지었다. 공감 능력은 있는 것 같다.

"오늘은 지능검사 결과지도 드리겠습니다. 당신은 머리가 좋으니까 인터넷에서 검색하거나 찾아봐서 대강의 성향은 알 텐데, 장애가 아니라도 자신의 결점을 아는 일은 앞으로 인생을 살아가는 데 중요하단 걸 잊지 마세요."

"알겠습니다."

자신을 파악하는 일의 중요성은 꼭 언급해두어야 한다. 앞으로 상황이 변해서 그의 특성을 받아들이지 못하는 환경에 놓이게 되면 장애 수준으로 아스퍼거 경향이 심해질 가능성이 있기 때문이다.

유스케의 진료는 오늘이 마지막이었다. 본인도 상담이나 치료를 원하진 않았다.

"발달장애나 아스퍼거장애가 아니라는 이야기를 듣고 어떠셨나요? 안심하셨나요, 아니면 예상과 달라서 좀……."

"둘 다입니다. 스스로도 '왜 이런 상황에서 다른 사람이 나에게 화를 낼까?' 하고 이해가 안 될 때가 있었는데, 우연히 발달장애를 알고부터는 '나도 발달장애일지 몰라' 하면서 드디어 원인을 찾았다는 속 시원한 느낌이 있었거든요. 하지만 '발달장애'라고 의사선생님께 진단을 받는 것은 역시 싫습니다."

"앞으로 남은 인생이 더 깁니다. 살면서 곤란한 일이 생기면 언제든지 또 찾아오세요."

이걸로 유스케의 진료를 마쳤다. 하지만 유스케가 정신과와는 영원히 무관한 삶을 살 거라는 보장은 없다. 그를 둘러싼 사람들이 유스케의 특성을 관대하게 봐주지 않으면 그때부터 문제가 생길 수 있다. 유스케가 오늘의 결과를 돌아보고 스스로 자신의 단점을 극복하는 힘을 키워갈 수 있느냐 없느냐가 중요한 열쇠가 될 것이다.

# 어디까지가 개성인가

어쩌면 누군가가 '저 사람은 아스페 같아'라고 수군거리는 걸 들은 적이 있을지도 모른다. '아스페'란 말할 것도 없이 아스퍼거장애의 속된 약칭이다. 다만 2013년에 개정된 미국 정신의학회의 진단 기준(DSM-5)에서는 발달장애나 아스퍼거장애라는 용어가 없어지고, 둘 다 '자폐스펙트럼질환군'으로 정신장애에 편입되었다. 그런데 나중에 설명하겠지만 여기에는 큰 문제점이 있다. 따라서 이 책에서는 옛 명칭인 아스퍼거장애를 그대로 사용했다. 아스퍼거장애가 무엇인지 여기서 다시 한번 확인해두자.

아스퍼거장애는 '고기능 광범성 발달장애'라고 불리던 때도 있었는데, 지적장애까지 동반하진 않는다. 학교 성적은 대체로 우수한 경우가 많고, 명문대학 학생 중에도 보기에 따라서는 아스퍼거장애로 분류할 만한 학생이 적지 않다.

아스퍼거장애를 포함한 발달장애의 원인은 선천적인 뇌신경 세포 발달이 보통과 다른 것이다. MRI 등 현대의 검사법으로는 뇌의 이상을 확인할 수 없지만, 뇌의 이상이 원인이라고 여겨진다. 이처럼 원인이 불명확한데, 유전 혹은 태아기나 출생 시 환경과 관련 있다는 사실은 분명해 보인다. 그밖에도 우리가 모르는 또 다른 원인이 있을지도 모른다.

DSM-5의 검사 기준에 따르면 아스퍼거장애의 주요 증상으로는 다음 다섯 가지를 들 수 있다.

1. 사회성 장애(대인관계 장애)

2. 커뮤니케이션 장애(상호작용 부족)

3. 사회적 상상력 부족

4. 지나친 고집

5. 감각 과민(소리나 냄새에 민감)

　사회성 장애와 관련해서는 아스퍼거장애 중에서도 몇 가지 유형이 있다. 타인과 어울리려 하지 않는 '고립형'은 자신이 좋아하는 전차나 게임에만 몰두하는 청년을 그 예로 들 수 있다. 그밖에 다른 유형도 있는데, 유스케는 아마 '적극기이형'에 해당될 것이다. 이는 타인과 어울리는 일에 관심은 있지만, 어울리는 방법이 서툰 데다가 부자연스러운 유형이다. 분위기 파악을 못 해서 소위 '4차원'이라는 말을 듣는 사람이 많다.

　커뮤니케이션 장애와 사회적 상상력은 서로 불가분의 관계다. 사회적 상상력이 부족하면 이른바 '소통 장애'라고 불리는 문제가 생기는데, 그러면 상대의 생각을 상상하지 못하고 자신이 하고 싶은 말만 해서 대화가 일방통행이 되기 쉽다. 반대로 상대방이 묻는 말에만 대답하고 그가 하는 이야기에는 전혀 흥미를 보이지 않는 등 극단적으로 수동적인 유형도 있다. 눈과 눈을 마주하지 않는 것도 흔히 볼 수 있는 특징이다. 감정 표현에 서툰 경우도 많아서 자연스럽게 웃음이 나올 만한 상황에서도 굳은 표정을 짓는다.

이 책의 주제이기도 한 이상이나 병식과 연관 지어 이야기해 보자면 아스퍼거장애의 증상, 예를 들어 '분위기 파악을 못 한다', '눈을 마주치지 않는다', '독특하고 강한 집착을 보인다' 같은 특징을 병 혹은 장애라고 단정해도 되느냐 하는 문제가 여전히 남아 있다. 이런 점에서 '아스퍼거장애'가 아니라 '자폐스펙트럼질환군'이라고 명칭을 바꾸면서 장애라는 글자를 뺀 것은 높이 평가할 만하다.

하지만 그럼으로써 큰 문제도 생겼다. 지적장애를 동반하는 (광범성) 발달장애와 지적으로는 오히려 뛰어난 아스퍼거장애의 구분이 사라지고, 둘 다 '자폐스펙트럼질환군'으로 포섭되어버렸다는 사실이다. 스펙트럼이란 연속체나 분포 범위를 가리키는데, 발달장애와 아스퍼거장애를 연속적인 하나의 질환으로 보는 방식은 분자생물학적으로나 정신병리학적으로나 근거가 부족하다. 이는 개성의 범주에 속하는 아스퍼거 경향을 가진 사람을 정신과 의료의 세계로 편입시키려 하는 지나친 오지랖이라고도 할 수 있다.

## 현대사회와 아스퍼거적 특성

나는 유스케의 아스퍼거적 특성이 현재로서는 개성 수준이라고 판단하고, 정신과 의료가 관여하는 일은 치료에 도움이 되지 않는다고 생각했다. 단지 사람의 개성을 병으로 취급하지 않은 것뿐이다.

다만 유스케도 스스로 유소년기부터 지금까지 어떤 위화감을 느꼈다고 고백했다. 학교에서는 공부나 운동에만 집중하면 됐지만, 사회에 나가면 그것만으로는 부족해진다. 사회생활을 하려면 타인과의 커뮤니케이션이 반드시 필요하기 때문이다. 여기서 문제가 생겨서 정신과의 도움을 받는 사람이 있는가 하면 자기 나름대로 대처하거나 극복해서 발달과 성장을 계속해나가는 사람도 있다.

최근에는 고명한 과학자나 운동선수 등 사회적으로 성공한 인물이 아스퍼거장애라는 진단을 받음으로써 아스퍼거장애에 대한 편견이 줄어들었다는 견해도 있다. 미국의 동물학 분야 권위자인 템플 그랜딘Temple Grandin은 아스퍼거장애라는 진단을 받았지만 사회적으로 성공을 거둔 인물의 대표 격이라 할 수 있다.

하지만 나는 아스퍼거가 있는데도 성공한 사람을 지나치게 사회적 이슈로 삼는 데는 찬성할 수 없다. 왜냐하면 장애 수준의 증상이 나타나 사회적인 도움을 필요로 하는 아스퍼거 환자도 있기 때문이다. 최근에는 스티브 잡스Steve Jobs처럼 사회적으로 성공한 사람도 아스퍼거였다는 식의 기사를 가끔 보게 된다. 어쩌면 스티브 잡스에게 아스퍼거 성향이 있었을지 모르지만, 그렇다고 그가 의사에게 정식으로 진단을 받은 것은 아니다. 게다가 죽은 다음에는 일화만이 남아 떠돌아다닌다. 지금은 전설이 되어 성공한 인물과, 현재 아스퍼거장애로 고통받는 이들 모두에게 피해를 주는 이야기일 뿐이다.

아스퍼거 경향이 있는 사람의 사회기능은 아주 좁게 보면 직장 등 주위 환경, 넓게 보면 사회환경에 따라서 크게 좌우된다. 예를 들어 연구자는 아스퍼거 기질이 있는 사람에게 잘 맞는 직업이라고 한다. 묵묵히 한 가지 일에 몰두하며 빠져드는 아스퍼거의 특성을 최대로 살릴 수 있는 일이기 때문이다. 여담이지만 의학부에도 아스퍼거 경향을 보이는 학생이 적지 않다. 방대한 지식을 암기해야 하는 의학은 그야말로 그들의 특성을 가장 잘 살릴 수 있는 영역이다.

비정상적인 수준인지 정상적인 수준인지는 시대 배경에 따라서도 판단이 갈릴지 모른다. 아스퍼거장애의 특징 가운데 하나로 숫자와 논리에는 강하지만 감정 표출이나 눈을 바라보며 말하는 교제에는 서투르다는 점을 들 수 있다. 따라서 접객이나 영업 등 노련한 커뮤니케이션 기술을 필요로 하는 업종에는 잘 맞지 않는다. 안타깝지만 커뮤니케이션을 점점 더 중요시하는 사회의 흐름을 거스를 수는 없다. 서비스업에는 눈과 눈을 마주하고 사람과 교류하는 것이 올바른 인간의 자세라고 하는, 과도한 '정상' 규범이 적용된다. 과거에는 장인정신을 가진 과묵한 전문가도 세상의 인정을 받았지만, 현대는 그런 이들에게도 프레젠테이션과 커뮤니케이션을 요구하는 시대가 되었다.

그렇다고 해서 아스퍼거 경향이 있는 사람에게 시대가 불리하게만 움직이고 있는 것은 아니다. 급속한 IT화가 진행되고 있는 이 시대를 헤쳐가려면 감정보다 논리를 우선시하는 것이 오히려 편하다. 이런 사회에서 아스퍼거 성향은 장애물이 아니라 디딤돌이 된다. 인공지능과 로봇이 대인 접촉 서비스를 줄일 가능성이 있다는 사실 또한 아스퍼거적 특성이 있는 사람에게는 긍정적인 요인이 될지도 모른다.

나는 유스케 같은 사람도 정신과 외래 진료를 받으러 오는 것이 어쩔 수 없는 시대의 흐름이라고 생각한다. 그런데 한 가지 우려되는 일은 아스퍼거장애라고는 진단할 수 없는 수준인 사람이 사회환경과의 마찰 때문에 자신의 소중한 개성을 이상하다고 간주하게 되는 것이다. 정식 명칭인 자폐스펙트럼질환군에서 '스펙트럼'이 나타내는 범위가 애매한 만큼 자폐스펙트럼질환군을 자칭하는 사람이 늘지 않을까 염려스러운 부분이 있다.

유스케 같은 사람은 다루기 어려울지 모르지만 이들이 주위 사람들을 휘두르고 농락하는 경우는 거의 없다. 기본적으로는 상대에 대한 상상력이 부족하고, 자기 기준에 맞는 사고 안에서만 살기 때문이다. 다음 장에서는 더 파멸적인 유형의 인간을 소개하려고 한다. 우리 병원에서 유명한 환자였던 레이코의 이야기다. 그녀는 애정 욕구를 방패로 타인을 휘두르는 일에 타고난 사람이었다.

제5장에 등장했던 마사토시와 달리 자기 자신을 낮게 평가하고, 아무렇지 않게 스스로를 상처 입혔다. 그녀는 자멸적이고 사회 상식에서 벗어난 행동을 수없이 많이 했는데, 그 가운데 일부를 소개해서 이런 유형의 사람들이 자신의 이상을 어떻게 인식하는지 생각해보려고 한다.

# 8장

# '죽고 싶다'는 말은
# 농담인가, 진담인가

## 당직 의사를 울리는 단골 전화

"정신과 당직 선생님이시죠? 미야가와 선생님 담당 환자인 나카니시 레이코 씨 전화입니다."

창문 하나 없는 한 평 남짓한 크기의 답답한 당직실. 암흑 가운데 무전기 소리가 울려 퍼졌다. 번쩍이는 무전기의 야광 화면을 보니 새벽 두 시였다. 밤 열두 시에 약 복용 방법을 묻는 전화가 왔었는데, 그 뒤로는 잠잠했기에 잠깐 눈을 붙이고 있었다. 침대 옆에 놓인 무전기가 언제 울릴지 모르는 대기 상태에서는 아무래도 깊은 잠을 이룰 수가 없다.

"아……. 네, 그래요? 연결해주세요."

레이코는 한밤중에 전화를 걸어오는 단골손님이다. 젊은 의사에 비하면 당직 횟수가 적은 나도 레이코와는 전화 통화를 몇 번이나 했다. 속으로는 '또 그 여자야?' 하며 지긋지긋하다는 생각을 했지만 환자의 전화를 거부할 수는 없다.

연결할 때 발생하는 작은 소음 뒤에 늘 그렇듯 기운 없는 목소리가 들려왔다.

"오늘은 어떤 선생님이에요?"

오늘 밤 사무직원은 레이코에게 당직 의사의 이름을 알려주지 않은 것 같다. 아마도 목소리로 나라는 사실을 알겠지만 일단 이름을 대지 않으면 안 된다.

이름을 말하자 다소 실망한 듯한 한숨 소리가 들려왔다.

"잠이 안 와요. 약도 안 듣고요······."

"그래요? 요즘에는 밤에 좀처럼 잠을 이루지 못하나요?"

잠이 안 온다면 주치의인 미야가와 선생이 처방한 수면유도제를 먹도록 지시하는 것이 합리적이다. 하지만 레이코도 그 정도는 이미 알고 있다. 그녀는 오늘 밤의 불면을 해결할 구체적인 방법을 묻기 위해 전화한 것이 아니다.

"미야가와 선생님의 약은 저한테 안 맞아요. 먹어도 전혀 듣지를 않는데, 강한 약은 처방해줄 수가 없대요. 이렇게 괴로우면 죽고 싶어지는데."

자살하고 싶다는 말은 새삼스럽지도 않다. 다만 전에는 전화를 일주일에 두세 번 정도 걸었는데, 최근에는 매일같이 거는 것을 보면 정신 상태가 불안정해진 건 맞는 듯하다.

"그렇군요. 하지만 강한 약을 처방하지 않는 건 환자분을 생각해서 그랬을 거예요."

레이코는 최근 몇 년 동안 약물 대량 복용으로 자살 미수 사건을 1년에 서너 차례씩 일으켰고, 그때마다 구급차에 실려와 목숨을 건졌다. 본인의 요구대로 안정제를 처방하지 않는 것은 치료를 위해서 어쩔 수 없는 선택이다.

"왜 미야가와 선생님 편을 드는 거지?"

갑자기 말투에 가시가 돋친다. 보아하니 주치의와 관계가 별로 좋지 않은 모양이다.

"아니, 편을 드는 건 아니지만……. 선생님도 레이코 씨를 걱정해서 그런 거 아닐까요?"

"가식이잖아요!"

"음……. 그렇진 않을 텐데요?"

환자가 미야가와 선생에게 부정적인 감정을 느끼는데, 미야가와 선생의 편을 드는 것은 상대를 자극할 뿐이다. 이럴 때는 적당히 얼버무리면서 불만을 들어줘서 안 좋은 감정을 말로 내뱉게 할 수밖에 없다.

하지만 레이코는 결코 말이 많은 편이 아니다. 이쪽에서 물어보지 않으면 무거운 침묵만 흐를 때도 있다. 하지만 지금까지의 경험에 비추어볼 때 대화를 빨리 정리하고 전화를 끊으려 하면 레이코는 이를 민감하게 감지하고 더욱 덤벼든다는 사실도 알고 있다.

"최근에 상태는 좀 어때요?"

"그다지 좋지 않아요."

"무슨 일이 있었나요?"

"강아지가 병에 걸리고 말았어요."

종잡을 수 없는 내용일 뿐 아니라 한밤중에 꼭 말해야 할 만큼 긴박한 일인가 하는 의문이 들었다. 하지만 한편으로는 병원과의 유대 관계가 레이코의 불안을 조금은 가라앉히는 것 같기도 하다.

"그거 큰일이군요."

한밤중에 깨운 바람에 나도 냉정함을 잃고 기분이 안 좋았던 건 분명하지만, 적어도 상대에게 공감하는 자세를 보이지 않으면 안 된다.

"선생님도 강아지를 키워본 적이 있나요?"

"아니요, 유감스럽지만 없습니다."

"그럼 제가 걱정하는 게 뭔지 모르겠네요."

내일, 아니 당직이 끝나고 아침부터 해야 할 통상적인 업무를 생각하면 레이코에게 짜증이 밀려오는 것을 막을 수가 없다.

그녀가 마음의 독을 어느 정도 토하게 한 다음 통화를 마무리하지 않으면 안 된다. 기본적으로 심야 시간에는 의사나 환자나 냉정함이 부족하기 때문에 치료의 근간이 되는 중요한 사항에 대해서는 이야기하지 말아야 한다.

"미야가와 선생님도 당직 시간에는 꼭 필요한 것만 이야기하라고 하지 않던가요? 잠이 안 오면 수면유도제를 먹고 쉬시기 바랍니다."

"결국 똑같은 말만 하네요, 당신네들은."

레이코는 이렇게 말하고 갑자기 전화를 끊어버렸다. 이것도 언제나 반복되는 일이다. 다른 의사가 대응할 때는 어떤 식으로 하는지 모르겠지만, 내가 대응할 때는 개운하게 대화를 끝낸 기억이 거의 없다.

칠흑 같은 어둠 가운데 무전기는 어슴푸레한 빛을 뿜으며 오전 두 시 반을 가리켰다. 항상 그렇다고는 하지만 내 심박수는 약간 빨라졌고, 의식이 공격당하는 바람에 눈이 번쩍 뜨여서 잠이 완전히 깨고 말았다. 내일, 아니 오늘도 수면 부족인 채로 늦게까지 일을 해야 한다고 생각하니 당직실의 어둠 이상으로 암담한 기분이 들었다.


## 주치의의 고뇌


오전 일곱 시 반. 의사 휴게실을 둘러보니 아직 아무도 출근을 하지 않은 모양이다. 소파에 앉아 병원 안에 있는 편의점에서 사온 샌드위치를 먹으며 당직 일지에 나카니시 레이코에게 전화가 왔었다는 사실만 간단히 적어두었다.

당직 일지를 훑어보니 거의 매일 레이코에게 전화가 오고 있었다. 휴일에는 하루에 두세 번이나 전화를 한다.

일단 내 방으로 돌아와 메일을 확인하고, 다시 의사 휴게실에 갔더니 미야가와가 당직 일지를 보고 있었다. 내가 들어온 것을 알고는 당황하면서 황급히 이렇게 말했다.

"선생님, 수고 많으셨습니다. 한밤중의 전화, 죄송합니다."

자신이 담당하는 환자가 당직 의사에게 민폐를 끼쳤을 때는 예의상 의사가 환자 대신 사과하는 경우가 많다. 나는 주치의로서 미야가와가 힘든 입장에 놓여 있다는 사실에 동정심이 들었다. 내 환자는 아니지만 레이코를 안정시킬 방법이 있다면 어떻게든 해결해주고 싶은 심정이었다.

"레이코 씨는 심리 상태가 불안정해지면 항상 이렇단 말이지."

나는 동료에게 민폐를 끼치고 있다는 사실 때문에 마음을 쓰고 있는 미야가와가 미안함을 느끼지 않도록 최대한 자연스럽게 말을 걸었다.

"낮에도 전화가 자주 와서 정말 난감할 때가 많아요. 바쁘다고 하면 그런 식으로 자기를 버릴 생각이냐며 협박 아닌 협박을 하거든요."

어색한 웃음에서 그가 레이코에게 휘둘리며 상당히 힘들어한 다는 사실을 알 수 있었다.

"응급실에 실려 오지 않는 걸 보면 약물을 다량으로 복용하거 나 손목을 심하게 긋진 않는 것 같던데……."

"아니요, 시간문제라고 봅니다. 저한테는 직접 말하지 않지만, 아무래도 사귀는 사람과 잘 안 풀리나 봐요. 그래서 저한테 더 의존하는 것 같기도 하고요."

미야가와는 지방에서 큰 병원을 운영하는 집안의 자제로, 잘 생긴 호감형 얼굴이다. 성격도 온화하고 남을 의심할 줄 모르는 사람인데, 때로는 이런 성격이 약점이 되기도 한다. 타인의 공격 적인 요구에 쉽게 동요하기 때문이다. 미야가와의 이런 성격이 레이코의 의존성을 조장하고 있음이 분명하다.

"이대로는 서로에게 좋지 못하겠군. 전체 회의 때 한번 이야기 해보면 어떨까?"

어려운 문제는 공유하는 편이 의사에게나 환자에게나 도움이 된다. 지금보다 적절한 치료법이나 대처법을 찾을 수 있을지도 모르기 때문이다.

"그러네요. 저한테는 좀 버거운 상태니까요."

어두웠던 미야가와의 표정이 구원의 빛이라도 발견한 것처럼 순간적으로 밝아졌다. 일단 다음 주 회의에서 레이코의 이야기 를 하기로 하고 각자의 일터로 향했다.

그런데 레이코에 대한 검토는 예상치 못한 형태로 갑작스럽게 진행되었다.


## 응급실에서의 안하무인격 태도

레이코가 응급실에 실려 왔다는 정보가 의사 휴게실에 전해진 것은 이틀 뒤 아침이었다. 원내 대응 담당 의사인 이시다 선생이 응급실에서 연락을 받은 뒤 당황해서 여러 과의 베테랑 의사들에게 의견을 물으러 다니는 바람에 결국에는 모두가 알게 되었다.

나를 포함해 의사 대여섯 명이 의사 휴게실 소파에 모여 대책 회의를 했다. 주치의인 미야가와는 정신과의원으로 외근을 나가 있는 날이라 연락은 됐지만 직접 움직일 수는 없었다. 이런 경우도 자주 있는데, 이럴 때는 일단 병원에 있는 의료진끼리 대책을 마련해야 한다.

"다시 한번 정리해서 말해봐."

우연히 그 자리에 있던 오가와 부교수가 늘 그렇듯 거만한 어조로 이시다에게 설명을 요구했다. 젊고 마음이 약한 이시다는 오가와 부교수의 말투에 기가 눌린 듯 떨면서 더듬더듬 입을 열었다.

"그게 말이죠. 밤늦은 시간에 OD(과량 복약)를 하고는 스스로 구급차를 부른 듯합니다. 먹은 약의 양은 수면제 스무 알에 항우울제가……. 정확히는 모르겠는데, 응급실에 따르면 생명에 지장은 없다고 하니 괜찮을 것 같습니다."

"미야가와가 그렇게 많은 약을 처방해주지는 않았을 텐데."

동료인 엔도 선생이 미야가와를 감싸주었다. 하지만 한 번에 처방하는 양은 제한하더라도 오랜 기간 동안 약을 몰래 모아두는 환자도 적지 않기 때문에 미야가와의 배려만으로는 과량 복약을 막기 어렵다.

"그러면 그대로 집에 보내면 되는 거 아니야? 내일 미야가와 선생한테 외래 진료를 보도록 하면 되겠네."

"아니요, 그런데 그게……."

"뭐 마음에 걸리는 거라도 있나?"

"레이코 씨가 빨리 미야가와 선생을 만나게 해주지 않으면 정신과에 입원하겠다고 소란을 피우고 있어요. 뜻대로 안 되면 이번에는 손목을 긋겠다고 위협하면서요. 응급실 간호사와 레지던트에게 소리를 지르고, 식판을 뒤집어엎기도 해서 응급실에서도 화가 단단히 났나 봅니다."

응급실에서 오래 일한 간호사는 몇 번이나 응급실에 실려 온 레이코의 안하무인격인 행동에 어느 정도 익숙해져 있다. 하지만 일한 지 얼마 안 된 젊은 간호사는 레이코의 공격성에 과민하게 반응하기도 한다. 자세한 내용은 모르겠지만 엄청나게 신경질을 내는 레이코 때문에 놀라서 울음을 터트린 신참 간호사도 있었던 모양이다.

"곤란하게 되었군."

이로써 이시다 선생만으로는 대응이 어렵다는 사실이 분명해졌고, 결국 외래 진료를 오랫동안 봐온 내가 지원하는 방향으로 이야기가 정리되었다.


## 박복한 가정환경

나한테는 아닌 밤중에 홍두깨지만, 사건 사고를 처리하는 것 또한 중간관리직의 역할이다. 게다가 나는 레이코를 2년 전에 같은 응급실에서 진찰한 적이 있다. 손목을 그어서 응급처지를 해줬는데, 당시에는 어머니가 초기 위암을 앓고 있어서 나의 말에 고분고분 따르다가 얌전히 집으로 돌아갔다.

이시다는 여전히 어쩔 줄 몰라 하며 나에게 이것저것 물어보았다. 안심할 만한 대답을 이끌어내서 자신의 불안감을 조금이라도 가라앉히려는 무의식적인 의도가 느껴진다.

"만약에 막무가내로 집에 돌아가기를 거부하면 어떻게 하죠?"

"정당한 목적이 있으면 입원을 받아줘도 괜찮지 않을까?"

만약 레이코에게 아직도 강한 자살 의지가 있다면 정신 상태를 재평가해야 한다. 경우에 따라서는 본인이 그럴 의지가 없더라도 정신과에 입원하는 방향으로 이야기가 흘러갈지도 모른다.

"그 사람의 자살 시도는 확실히 협박성이에요. 진짜로 죽고 싶은 건 아닌 것 같아요. 지금까지의 언동으로 봤을 때도 그런 게 분명해요."

"그렇게 단정하는 건 위험해."

사실 나도 이시다와 같은 의견이었다. 하지만 진짜로 죽을 생각이 없고, 그저 타인의 관심을 끌기 위해 자살 기도를 반복한다 할지라도 때로는 본인의 의도와 달리 정말로 자살에 성공해서 저세상에서 후회하는 사람도 적지 않다고 생각하기 때문이다.

가능한 모든 가능성을 열어두고 환자를 대하는 편이 좋다. 응급실의 자동문을 빠져나와 관계자실에서 간호사에게 레이코의 병실과 상태를 확인했다.

"2호실이에요. 지금은 얌전하게 있는데, 좀 전까지는 서슬이 시퍼렜어요."

베테랑 간호사는 우리 질문에 감정을 담지 않고 사실만을 대답해주었다. 가끔 레이코에 대한 불만을 우리에게 터트리는 의사나 간호사도 있는데, 그 심정을 이해 못 하는 바는 아니지만, 그래도 담담하게 대응해주는 베테랑 간호사가 있으니 무척이나 고마웠다.

레이코의 병실은 2인실이지만 다른 침대는 비어 있어서 실질적으로는 개인실 같은 상태였다. 레이코는 불만이 가득한 표정으로 침대에 누워 창밖을 바라보고 있었다. 화장기는 없지만 이목구비가 또렷해 미인 축에 속하는 데다가, 왠지 모르게 연민이 들어서 남성에게는 매혹적으로 비칠 수도 있을 것 같다. 진료카드에는 27세라고 되어 있는데, 나이에 어울리지 않는 동물무늬 잠옷을 입고 있어서인지 실제 나이보다 어리게 보였다. 과거에 이혼 경력도 있다고 들었는데, 미야가와도 이 사실을 알고 있는지는 확실하지 않다.

나와 이시다는 오늘의 담당 의사라고 밝힌 다음, 침대 옆에 몸을 굽히고 가능한 레이코를 내려다보지 않는 자세를 취했다.

"기분은 어떠세요?"

이시다가 레이코에게 의례적인 질문을 던졌다.

"보시다시피 좋진 않네요."

가시가 돋친 반응인데, 노골적인 분노나 거절은 아니다. 이 분위기라면 적어도 묻는 말에 대답은 해줄 것이다.

이시다는 소심하긴 하지만 늘 환자의 이야기를 경청해준다. 그래서 이번에는 쓸데없이 끼어들지 않고 이시다에게 맡겨보기도 했다.

"자살을 시도하셨다고 들었는데, 역시 뭔가 큰 심경의 변화가 있었던 건가요? 미야가와 선생님에게만 말하고 싶은 것도 있겠지만, 저라도 할 수 있는 일이 있는지 한번 이야기를 들어보고 싶습니다."

레이코는 이시다의 가운 주머니에 대충 매달려 있는 명찰을 보고 이렇게 말했다.

"이시다 선생님이군요? 밤마다 전화로 제 이야기를 들어주던."

"그렇습니다."

젊은 이시다는 연배가 있는 나에 비해 당직을 하는 횟수가 많다. 따라서 최근에 레이코와 통화를 할 기회도 많았을 것이다.

"그럼 뒤에 계신 잘나 보이는 선생님 말고, 이시다 선생님과 얘기하고 싶어요."

아무래도 나는 미움을 받고 있나 보다. 나는 레이코의 의사를 존중해 면담은 이시다에게 맡기고, 뒤에서 두 사람의 대화를 지켜보기로 했다.

"분명 선생님들은 민폐라고 생각하시겠죠."

"아니요, 그렇지 않습니다. 미야가와 선생님도 레이코 씨를 걱정하고 있어요."

"그런가요? 하지만 오늘 미야가와 선생님은 안 계시죠?"

레이코는 미야가와의 스케줄을 이미 파악하고 있었다. 여러 가지 말썽은 있었지만 아직 신뢰 관계가 건재하다. 그녀의 잔뜩 긴장한 굳은 표정과 찡그린 미간이 조금씩 풀어지기 시작했다.

"약을 먹었을 때 상황을 기억하고 계시다면 말씀해주시겠습니까? 레이코 씨의 치료와도 관계된 일입니다."

"엄마랑 싸웠거든요."

어처구니없게도 엄마와의 다툼을 이유로 들었다. 미야가와에게 간접적으로 들었지만, 레이코는 현재 어머니하고만 살고 있는데, 이혼한 아버지는 알코올 의존 경향이 강했고 어머니와 레이코에게 일상적으로 폭력을 휘둘렀다고 한다.

"어떤 이유로 싸웠죠?"

"이미 아시잖아요. 엄마가 또 별 볼일 없는 남자랑 사귀고 있다고요. 제가 어떻게 자랐는지 아시죠?"

아직 결론을 내리긴 이르지만 아무래도 어머니의 이성관계가 레이코의 심리 상태를 불안정하게 하는 것 같다. 여기서 청소년기의 가정폭력이나 학대를 받았던 과거 경험을 꺼내는 것은 불안정이라는 불에 기름을 붓는 꼴이다. 이럴 때는 철저하게 표면적으로만 이야기를 들어주는 편이 낫다.

레이코는 퉁명스러운 목소리였지만 담담하게 이야기를 계속했다.

"그놈도 술버릇이 나빠요. 엄마가 사귀는 사람이 항상 그 모양이긴 하지만."

아무래도 어머니의 교제 상대에 대해 이야기하다가 말다툼이 시작되어서 흥분한 나머지 지난주에 처방받은 항정신성 약을 한꺼번에 털어 넣은 것 같다.

"어떤 기분으로 약을 드셨나요?"

이시다의 부드러운 말투 덕분인지 심문하는 것처럼 들리진 않았다.

"그게, 생각이 잘 안 나요. 욱하거나 기분 나쁜 일을 떠올리면 의식이 어딘가 날아가 버리는 기분이랄까."

존댓말과 반말을 섞은 기묘한 말투로 잘도 얘기를 이어갔다.

"가끔씩 '너 따위는 죽어야 돼'라는 소위 '환청'이라는 것이 들릴 때가 있는데, 그런 게 자살 미수랑 관련이 있을지도……. 미야가와 선생님에게는 말했지만, 그 선생님도 어쩔 수 없다는 표정으로 들어주긴 하는데……."

그 뒤로도 두서없는 이야기가 이어졌다. 우리는 일부러 깊이 파고드는 질문은 하지 않고, 듣는 역할을 하는 데 전념했다. 사실은 '입원' 혹은 '퇴원'이라는 앞으로의 거취를 묻고 싶었지만, 레이코에게 자극이 되어서 갑자기 감정이 격해질까 봐 말을 꺼내지 못했다.

그런데 우리의 걱정을 간파한 것처럼 레이코는 갑자기 이렇게 선언했다.

"집에 돌아갈래. 여기에 있어도 별수 없으니까."

나는 레이코의 정신 상태를 감정해야 하는데, 그중에서도 또다시 자살을 시도할지 여부는 반드시 확인하고 넘어가야 한다는 생각에 급히 말을 꺼내려고 했다. 그런데 이를 꿰뚫어 봤는지 레이코가 선수를 쳤다.

"괜찮아요. 내일 미야가와 선생님을 만날 때까지는 자살하지 않을 테니까."

내 눈을 보고 말하는 걸 보면 정신과 의사가 어떤 질문을 할지 눈에 훤히 보이는 사람 같았다. 어찌 되었든 차분하고, 우리보다 냉정한 말투로 이렇게 선언한 이상 강제적으로 의료보호입원을 시킬 수는 없다.

"미야가와 선생님의 진찰 시간은 정해져 있나요? 아직이라면 저희가 예약을 잡아드리죠."

"내일 열 시에 올게요. 금요일 열 시에 만나주는 걸로 되어 있으니까요."

미야가와와 이미 진료 약속을 잡아놓은 것 같다.

"그럼 지금 어머니께 데리러 오라고 하시죠. 제가 연락할까요?"

"아마 곧 병원에 도착할 테니 괜찮아요. 아까 답 문자를 받았거든요."

어떤 의미에서는 우리보다 능숙하고 일 진행이 빠르다.

우리는 응급실 담당 의사에게 레이코가 퇴원하기로 했다는 사실을 전하고 응급실을 나왔다.

## 부성의 결여와 모성의 과잉

레이코가 퇴원한 날 저녁, 외근을 마친 미야가와가 의사 휴게실에 모습을 드러냈다. 이시다는 이미 퇴근을 했기 때문에 내가 그동안 있었던 일을 전하는 역할을 맡았다.

"그랬군요. 고생이 많으셨습니다."

"이시다가 열심히 대응해준 덕분에 무사히 끝났네."

"내일 감사 인사를 해야겠네요."

"오늘은 얌전히 돌아갔지만 앞으로가 걱정이군."

"실은 입원도 생각하고 있습니다. 아, 여기는 아니고요. 제 본가에 말입니다."

미야가와의 아버지는 지역에서 알아주는 정신과 병원을 운영한다. 심한 흥분 상태에 있거나 자살 기도를 동반한 환자에게는 대학병원보다 개인병원이 훌륭한 경우도 적지 않다.

"그런데 본인이 좋다고 할까?"

"요즘 들어서 정서가 불안정할 뿐 아니라 환청과 해리 증상도 상당히 두드러지게 나타나고 있습니다. 실은 어머니도 힘에 부치시는지 저에게 비밀로 상담을 하고 계세요."

"어머니의 교제 상대 때문에 충격을 받은 것 같던데."

"남성에게 민감하다는 사실은 알고 있습니다. 본인은 끝까지 말하지 않았지만, 어린 시절 아버지의 학대가 매우 심했던 듯합니다. 딱 한 번 매일 밤 악몽에 나온다고 털어놓은 적이 있는데, 그 사실을 아무에게도 말하고 싶지 않나 봅니다. 누군가에게 발설하면 소식이 없던 아버지가 또 느닷없이 나타날 것 같다는 공포감도 있는 것 같고요."

"그렇다면 입원을 서두르는 편이 낫지 않을까?"

"어머니가 결정을 내리지 못하고 있어요. 집에서는 딸의 불안정한 상태에 바들바들 떨면서도 입원시키려고 하면 죄책감이 드나 봅니다. 그래서 쉽게 결정을 내리지 못하고 망설이고 있는 듯합니다."

결단력이 없고 타인에게 의존하는 성향 때문에 어머니가 매번 지배적인 성격의 남성과 만나는 건지도 모른다. 아마 레이코도 이를 잘 알고 있을 것이다.

"이번 사건도 있었으니까 어머니를 강력하게 설득하겠습니다. 그러면 어머니도 받아들이시겠죠."

미야가와는 이번 자살 미수 사건으로 오히려 자기 생각에 확신을 갖게 된 것 같다. 그는 곤혹스러워하기보다는 자신감을 얻은 표정으로 나에게 인사를 하고 집으로 돌아갔다. 이쯤 되면 레이코에게 신뢰를 얻고 있는 미야가와의 방침에 이의를 제기할 이유가 없다.

## 예상치 못한 결말

레이코는 그 일이 있고 한 달 뒤에 미야가와의 부모님이 운영하는 병원에 입원했다. 더 이상 당직 중에 전화가 걸려오지 않았고, 갑자기 응급실에 실려 오는 일도 없었기 때문에 대학병원에는 완전히 발길을 끊은 상태가 되었다. 미야가와도 반년 후에는 아버지가 운영하는 병원에 부원장으로 가게 되어서 레이코에 대한 기억은 자연스레 내 머릿속에서 흐려졌다.

1년 반 정도 지났을 때였을까? 의사 휴게실 복도에서 미야가와와 우연히 마주쳤다. 야마구치 교수에게 인사도 할 겸 의사 파견에 대한 상담을 하러 왔다고 한다.

"병원을 운영하는 것도 힘들겠어."

"진짜 힘들어요. 선생님도 도우러 와주세요."

"그래야지. 그나저나 오랜만에 얘기나 좀 하다 가지 않겠나?"

흔히 '궁중살이'에 비유되는 대학병원 근무도 스트레스가 이만저만이 아니지만, 개인병원도 경영 문제와 의사 확보 문제 등으로 관리자가 받는 스트레스가 상당히 크다고 들었다. 그런 탓인지 잘생긴 미야가와도 흰머리가 늘고, 갑자기 폭삭 늙은 느낌이었다.

의사 휴게실 소파에서 커피를 마시며 미야가와가 몰두하고 있는 병원 경영 개선책과, 완고한 성격의 아버지를 원장으로 둔

고충을 들어주었다. 그는 불평하긴 했지만 일에 보람을 느끼는 듯했다.

"대학병원도 힘든가요?"

미야가와의 질문으로 임상에 대한 이야기로 화제가 바뀌었다. 문득 레이코의 단정한 얼굴이 뇌리를 스쳤다. 갑자기 레이코가 지금 어떻게 지내는지 궁금해졌다.

"그러고 보니 나카니시 레이코 씨는 지금 어떻게 지내?"

웃으며 대화하던 미야가와의 얼굴이 순간 어두워졌다. 물어서는 안 될 것을 물은 듯한 분위기가 우리 사이에 맴돌던 찰나 미야가와가 입을 열었다.

"레이코 씨는 죽었습니다. 자살했어요."

나는 무슨 말을 해야 할지 몰라 괜한 걸 물어 미안하다는 표정을 지을 수밖에 없었다. 레이코는 손이 많이 갔지만 미야가와가 치료에 열과 성을 다했던 환자였다. 옆에서도 열심인 게 눈에 보일 정도였으니 그가 낙담하는 것도 무리는 아니다. 나도 내가 맡은 환자가 자살한 적이 있는데, 직접적으로 원인을 제공한 것은 아니지만 왠지 내가 자살을 방조한 것 같은 죄책감에 시달렸었다. 이런 사건이 나면 의사는 의료기술에 자신감을 잃고, 자기 혐오에 빠진다. 이때 환자 가족들은 의사에게 아무것도 묻지 않는 경우가 있는가 하면 의사를 심하게 힐책하는 경우도 있다. 의사도 사람인지라 아무 감정 없이 딱 잘라 내긴 어렵다.

"그렇군……."

"솔직히 다량 복약이나 손목 긋기는 관심을 끌기 위한 거라고 대수롭지 않게 생각했어요. 그게 반년 전의 일입니다."

"의식을 잃기 전에 스스로 구급차를 부르진 않았고?"

"주변에 휴대전화가 없었고, 어머니가 외출한 시간을 노려서 약을 먹었더라고요. 다만 약의 양이 치명적이진 않았던 걸 보면 부정맥 같은 예상치 못한 일이 일어난 건지도 모르겠어요."

더 이상 질문은 삼가는 게 좋겠다고 생각했지만 미야가와는 오히려 이야기를 털어놓고 싶어 했다. 대학병원 시절과는 달리 경영진이기도 한 부원장이라는 자리는 그만큼 고독할 수도 있다.

"정신적으로는 좋았어요. 입원해서 상당히 차분해졌으니까요. 본인도 보기 드물게 앞으로의 희망을 이야기했고요. 그래서 지금도 불가사의해요. 하지만 어쩌면 불안을 느끼고 있었을지도 모르죠. 그녀에게는 의사가 '이 환자는 더 이상 자살을 시도하지 않을 것'이라고 생각하고 걱정해주지 않는 게 가장 큰 공포였을까요?"

레이코는 미야가와를 비롯한 다른 사람들을 시험하려 하다가, 본인의 의도와 달리 정말로 자살에 성공하고 만 걸까. 우리가 알 수 있는 것은 레이코가 후회하고 있는지 아닌지를 영원히 알 수 없게 되었다는 사실뿐이다.

# 극진한 의료 시스템의 함정

레이코는 '경계성 성격장애'라고 할 수 있다. 이 장에서 소개했듯이 레이코처럼 의사에게 강한 의존 경향을 보이면서 동시에 혐오감이 들게 하는 행동을 하는 환자도 적지 않다. 자칫 잘못하면 감정적인 충돌이 늘어 의사가 환자의 불안정한 상태를 더욱 악화시킬 수도 있다. 현대의 치료법은 표면적인 수용에만 신경을 쓰는 '경청' 중심의 접근법과 식사, 수면, 감정 조절 등 생활지도를 중심으로 하는 '인지행동요법' 중심의 접근법이 주류가되고 있는데, 이 또한 환자를 자극하는 큰 요인이 될 수 있다.

경계성 성격장애를 이야기하기에 앞서서 '경계성'이란 무엇과무엇의 경계를 가리키는지 생각해보자. 경계성 성격장애의 뿌리를 찾으려면 1970년대 이전으로 거슬러 올라가야 한다. 이 무렵에 그전까지는 어디서나 쉽게 찾아볼 수 있을 만큼 가벼운 증상으로 여겨지던 많은 신경질환자가 실제로는 보기보다 훨씬 중병이라는 사실을 알게 되었다. 환자를 긴 의자에 눕히고 프로이트Sigmund Freud가 한 것처럼 정신분석적인 치료를 하면 제어할 수없는 격렬한 분노가 나타나거나 다른 인격이 출현하는 등 예상하기 힘든 다양한 증상을 나타내는 환자 무리가 있음을 발견한것이다. 그리고 그런 환자 무리는 환청이나 피해망상, 관계망상등 조현병에서 나타나는 정신병 증상을 보이는 경우도 많았다.

이처럼 '신경증'과 '정신병'의 경계에 위치한 것으로 보이는 환자군은 정상인이 심한 스트레스를 받았을 때 보이는 일시적인 이상 반응과는 달리 평생 동안 계속되는 인격, 즉 성격에 문제가 나타난다. 이렇게 해서 '경계성 성격장애'라는 용어를 일반적으로 사용하게 되었고, 이에 따라 사회기능을 제대로 하지 못하는 사람에게는 '경계성 성격장애'라는 진단이 내려졌다.

레이코처럼 정동 제어에 문제를 안고 있는 경계성 성격장애의 가장 큰 특징은 치료 과정에서 환자가 치료자에게 버림받았다고 생각해서 신뢰 관계가 무너지기 쉽다는 것이다. 레이코는 자신의 주치의인 미야가와에게 의사로서의 존경과는 다른 종류의 호감을 보였는데, 미야가와가 그녀의 감정을 영리하게 이용할 때는 치료가 비교적 순조롭게 진행되었다.

프랑스의 사상가 미셸 푸코Michel Foucault는 "사람들은 서로 자유로우면 자유로울수록 타자의 행동거지를 결정하려는 욕망이 커진다"고 말했다. 이러한 경향은 경계성 성격장애를 앓는 사람에게 두드러진다. 그런데 의사도 사람이기 때문에 레이코처럼 주위 사람들을 자기 멋대로 휘두르는 환자에게 부정적인 감정을 느낄 수밖에 없다. 아마도 그녀는 자신에 대한 미야가와의 부정적인 감정을 간파했을 것이다. 그리고 그것이 '버림받을 것 같은 불안'을 자극해서 결국 그녀는 뜻하지 않게 자살에 성공했을 수도 있다.

레이코가 자신의 이상을 어느 정도까지 통찰했는지를 파악하는 것은 어려운 문제다. 그녀는 적어도 조현병이나 치매와 같은 병식 결여는 없었을 것이다. 자신의 불완전한 부분을 지나칠 정도로 잘 알고 있다는 것이 이들의 병적인 특성인데, 유년기의 폭력이나 학대 등 심적 외상(트라우마)을 경험하면서 자신의 이상을 파악하는 감도가 훨씬 예민해졌다고 볼 수 있다.

미야가와의 치료가 최선이었는지 아니었는지는 누구도 평가를 내릴 수 없다. 다만 여기서 한 가지 짚고 넘어가고 싶은 문제가 있다. 국민 모두가 보험제도를 이용하는 국가에서는 단순한 감기라도 휴일 밤낮을 가리지 않고 언제든지 진찰을 받을 수 있다. 환자 중심의 의료 서비스가 당연한 것처럼 여겨지기 때문이다. 이렇게 잘 갖추어진 의료 환경 덕분에 레이코 같은 환자는 손목을 긋거나 약물을 다량 복용해서 응급실을 빈번하게 드나든다. 환자를 극진하게 모시는 의료 시스템이 오히려 환자를 의존적으로 만들기도 하는 것이다. 의료 과잉 자체가 병을 더욱 치료하기 어렵게 하는 경우도 있다는 말이다.

나와 선배 의사들의 경험에 따르면 '죽고 싶다'며 의사의 주의를 끌려고 하는 경계성 성격장애 환자를 보고 '정말로 죽을 생각은 없을 것'이라고 단정하고 방심해서는 안 된다. 레이코처럼 정말로 자살하는 사례도 드물지 않기 때문이다.

그렇다고 경계성 성격장애인 사람을 도울 방법이 없는 것은 아니다. 그들 가운데 나이를 먹고 좋은 배우자를 얻으면서 차분함을 되찾고 치료할 필요가 없을 만큼 회복되는 이도 적지 않다. 어쩌면 자신의 불완전함에 대한 과도한 인식이 둔화되기 때문일지도 모른다. 따라서 이들에게는 심적 외상을 치유해줄 만큼 애정 어린 시선으로 바라봐 주는 타자의 존재가 매우 중요하다. 이제 와서 돌이킬 수는 없지만 레이코가 좀 더 나이를 먹을 때까지 살았다면 정신과 치료를 끝내는 가장 이상적인 결말을 맞이할 수도 있었을 것이다. 하지만 저세상에서 레이코가 어떤 생각을 하고 있을지는 더 이상 알 길이 없다.

# 앞으로의 과제

지금까지 '자신의 이상'을 깨닫지 못하는 다양한 종류의 사람들에 대해 살펴보았다. 하나로 뭉뚱그려 '마음의 어둠'이라고 표현하는 일이 쉬울지는 모르지만 한 사람, 한 사람 마음의 어둠에 조명을 비추는 일은 결코 기분 좋은 작업이 아니었다. 분명 읽다가 지친 독자도 있으리라 생각한다.

애초에 우리는 어떻게 다른 사람의 마음을 두고 이상이 있다거나 병적이라고 판단하는 걸까? 이 책을 집필하면서 '이상'이란 무엇인지를 다시 한번 재고해봤는데, 이를 알기 쉽게 설명하기가 결코 쉽지 않다는 사실을 새삼스레 느꼈다. 우리는 자신이 주변 사람들과 다를 때 '무언가 이상하다'는 느낌을 받는다. 어쩌면 '이상'이라는 개념은 자신과 주위의 평가가 일치하지 않을 때 생기는 것인지도 모른다. 그런데 그것이 허용할 수 있는 범위의 이상인지 아닌지는 사람에 따라서 판단이 크게 갈릴 것이다.

그런데 과연 우리는 자신이나 타인의 마음 상태를 정확하게 알 수가 있을까?

나는 의대생 시절에 어느 종합병원 정신과에 견학을 간 적이 있다. 그곳을 안내해준 나이 지긋한 의사가 내가 처음으로 대화를 나눠본 정신과 의사였는데 '이 사람은 다른 사람 마음을 꿰뚫어 볼 것 같다'는 경외심과 더불어 왠지 모를 두려움을 느꼈던 기억이 떠오른다.

언젠가부터 나도 베테랑 의사라고 불릴 만큼 경력이 쌓였다. 정신과 의사 생활을 하다 보니 사람의 마음을 모두 들여다보는 일은 도저히 불가능하며 기본적인 진단과 치료조차 결코 쉽지 않다는 사실을 뼈저리게 느낀다. 현대의 정신의학은 DSM(미국 정신의학회의 정신장애 진단 기준)에 따른 진단법을 사용하지만 이것은 결코 정답이라고 할 수 없다. 실용성을 검증할 만한 임상 검사법도 아직 갖추어지지 않았다. 타인 보고 이상하다고 과학적으로 지적하는 것은 어쩌면 주제넘은 일인지도 모른다.

다만 정신과 의사로서 변명을 하자면 어떤 문제가 환자를 괴롭히고 있다면 구원의 손길을 뻗치기 위해서라도 이들의 이상을 깊이 이해할 필요는 있다고 생각한다.

'이상' 가운데 가장 정도가 가볍고 누구나 보일 수 있는 증상은 '부정'이다. 예를 들어 애연가가 흡연의 위험성을 부정하는 것을 들 수 있다. 그들은 '담배를 아무리 많이 피워도 장수할 사람은 장수한다', '흡연가에게도 인권이 있다' 등 온갖 평계를 대며 과학적으로 입증된 담배의 유해성을 부정하곤 한다. 또 어떤 실수를 했을 때 좀처럼 받아들이지 못하고 '그럴 리가 없다', '상대방 잘못이다'라고 부정하는 사람도 있다.

부정하는 것보다 더 심각한 증상은 이 책의 중요한 주제이기도 한 '병식 결여'다. 그 대표적인 인물로 쇼코 어머니를 들 수 있다. 정신병 증세를 동반한 우울증에 빠진 정부 관료 게이이치로 또한 자신에 대한 객관적인 평가를 내리지 못했다. 자신의 병적인 기분 변화를 깨닫지 못한 데쓰야도 마찬가지다. 과도한 부정이 '이상'의 증거라는 사실은 이 책에서 소개한 사람들만 봐도 알 수 있다. 그들은 대개 '당신은 뭔가 이상하다'라는 타인의 평가나 스스로 느끼고 있는 위화감을 인정하려 하지 않는다.

그런데 스스로 인정할 수 없는 남들의 평가를 부정하는 일은 어떤 의미로는 정상적인 반응이 아닐까? 어쩌면 확실히 감이 잡히지 않는 것에 대해서는 어느 정도 둔감한 것이 심리적으로 정상이라는 증거일 수도 있다.

예를 들어 우울증을 앓던 게이이치로는 분화한 화산이나 격렬한 교전을 펼치고 있는 전쟁터에서 인정사정 봐주지 않고 쏟아지는 돌과 총알에 지나치게 민감했다는 견해도 있다. 이제 와서 하는 이야기이지만 만약 게이이치로가 스트레스에 둔감한 부분이 있었다면 자살을 하려고 물에 들어가지는 않았을 것이다.

무엇이 '정상'인지를 증명하고 확립하는 것은 상당히 어려운 일이다. 사실 이는 해답을 내놓는 일이 불가능한 명제인데, 정신 과 의사와 심리학자가 없는 해답을 찾으려 하고 있는지도 모른 다. 정신의학의 무력함을 비웃듯이 '세상에 마음의 병 따위 존재 하지 않는다', '강제적인 정신과 치료는 백해무익하다', '정신과 의사와 항정신병 약 따위는 무용지물이다'라는 극단적인 주장 을 펼치는 사람도 있다.

하지만 심각한 마음의 병이라는 진단을 받은 사람들이 치료 를 받지 않고 버티다가 타인에게 위해를 가하거나 자살에 이르 는 사례는 끊임없이 발생한다. 경미한 '이상'은 '정상'과 구별하 기 어렵지만, 조현병이나 망상성 우울증, 양극성장애, 치매 등은 분명히 '병식' 장애를 동반한다. 정신의학이 아직까지 진단을 내 리고 치료하는 데 미숙한 부분이 있는 것은 사실이지만, 나는 그렇다고 해서 그들에게 개입하는 일을 완전히 포기해서는 안 된다고 생각한다. 포기는 우리 사회에 아무런 도움도 되지 않기 때문이다.

여러분이 이 책을 통해서 '자신의 이상을 깨닫지 못하는 사람 도 치료할 필요가 있다'는 사실과 전문가라도 '정상과 이상을 판별하는 일이 힘들다'는 사실을 알아주었으면 하는 바람이다. 이 책에서 다룬 것은 자신의 이상을 깨닫지 못하는 수많은 사람 들 가운데 극히 일부에 지나지 않는다. 살인이나 상해 등 범죄를 저지른 이들 중에서 정신장애가 있다는 이유로 형사소추를 당하는 대신 입원 조치가 내려져 정신병원에 수용되는 사람도 있다. 사회적인 이슈로 떠오른 이런 문제는 이 책에서는 다루지 않았는데, 이와 같은 문제를 해설하는 일은 나보다 사법 정신의학 전문가에게 맡기는 게 낫다고 판단했기 때문이다.

마지막으로 편집을 하느라 고생한 소시샤의 요시다 미쓰코 씨에게 감사의 마음을 전한다. 사실 자칫하면 난해한 학술 서적이 되기 쉬운 무거운 주제를 다루면서 고민이 많았는데, 구성부터 표현에 이르기까지 미쓰코 씨의 섬세한 조언 덕분에 무사히 책을 완성했다. 그리고 참고 문헌 중에서도 21세기의 정신의학에 많은 영향을 준 나시르 가에미의 저서에 가장 큰 자극을 받았다는 사실을 언급해두고 싶다. 병식 이론의 고전이자 교과서인 칼 야스퍼스의 책은 상당히 난해한데, 이를 미국식 실리주의를 바탕으로 실용적으로 해석한 가에미의 업적에 거듭 경의를 표한다. 또한 〈들어가며〉에서 기술했듯이 이 책에 등장하는 환자는 허구의 인물이긴 하지만, 완전히 상상 속에서 만들어낸 인물은 아니다. 나를 성장시킨 환자와 의뢰 관계자 분들께 진심으로 감사의 인사를 올리며 이 책을 마친다.

이 책이 처음 출간된 것은 2016년 11월인데, 약 2년이 지나 문고판을 내게 되었다. 2년이라는 짧은 시간이 지나는 동안 언론을 통해 '정신병자의 소행이 아닌가' 의심하게 될 만큼 엽기적이고 황당한 사건을 자주 접했다.

더욱 놀라운 것은 텔레비전이나 신문에 의해 선별된 뉴스뿐 아니라 일반인들의 SNS를 통해서 누군가의 문제 행동이 즉각적으로 퍼지는 시대가 되었다는 사실이다. 과거에는 언론이 다루지 않는 수준의 이상한 말과 행동은 우리의 눈과 귀에 들어오지 않았다. 하지만 지금은 상식을 벗어났다고 생각할 만한 누군가의 말과 행동이 좋든 싫든 '온갖 악플'과 함께 전시된다.

게다가 최근 몇 년 사이에 우리는 문제가 될 만한 사건을 일으킨 사람들뿐 아니라 정치인이나 학자, 언론인 등 지금까지는 권위가 있다고 여겨졌던 사람들 가운데도 자신의 이상을 알지 못하는 이들이 존재한다는 점을 깨닫게 되었다. 예를 들어 정치 사상은 원래 좌우가 첨예하게 나뉘기 마련이다. 그렇지만 어떤 정치가들은 생각이 지나치게 완고하고 유연성이 현저하게 부족해서 상대를 인정하는 경우가 거의 없다. 그들은 상대의 다양성을 절대로 허용하지 않고, 자신이 신봉하는 정의를 위해서라면 어떤 공격도 정당화할 준비가 되어 있다.

서로 얼굴을 보며 대화할 때와 달리 SNS에서는 인신공격도 서슴지 않는 온라인 난투극이 벌어진다. 이 책에서 살인 사건은 다루지 않았지만, SNS에서 논쟁을 벌이다가 화가 나서 실제로 사람을 살해한 2018년 6월 '후쿠오카 IT 교사 살인 사건'은 우리에게 시사하는 바가 크다. 이 사건은 자신의 이상을 알지 못하는 사람을 막다른 곳으로 몰아넣는 일이 얼마나 위험한지 새삼스레 확인시켜준 사건이기도 하다.

자신이 이상한지 이상하지 않은지를 딱 잘라 말하기가 쉽지 않은 것은 당연하다. SNS와 인공지능이 발달한 현대에 들어와서 더욱 자기 자신의 이상을 깨닫기 어려워진 것 같다. 줄리어스 시저Julius Caesar의 격언인 "인간은 자신이 보고 싶은 것만 본다"라는 말은 요즘 시대에도 정확하게 들어맞는다.

이 책은 이상 성격이나 엽기적인 범죄 등 자극적인 내용을 기대한 사람에게는 다소 실망스러운 내용일지도 모른다. 하지만 이 책은 일본의 의료 현장, 그중에서도 대학병원을 무대로 한다는 점에서 특색이 있다고 할 수 있다. 가능한 많은 사람들이 읽었으면 하는데, 특히 의학부나 간호학부 등 의료 복지계 학부를 지망하는 젊은이들은 꼭 읽었으면 하는 바람이다. 의학부를 지망하는 학생은 증가 추세에 있고, 입학 난이도도 계속해서 올라가고 있다.

나는 이 책에서 세속적으로 보면 고수입에 높은 사회적 지위를 가진 것처럼 보이는 의사의 정신적 스트레스, 이른바 '감정노동'에 대한 부분도 묘사하려고 노력했다. 이는 의사가 되기를 희망하는 요즘 세대 아이들이 반드시 알아두었으면 하는, 의사라는 직업의 혹독한 일면이기 때문이다.

# 나는 괜찮은데  그들은 내가 아프다고 한다

| | |
|---|---|
| 초판 1쇄 발행 | 2020년 2월 7일 |
| 지은이 | 니시다 마사키 |
| 옮긴이 | 김지윤 |
| 펴낸곳 | (주)행성비 |
| 펴낸이 | 임태주 |
| 책임편집 | 김하얀 |
| 디자인 | 디자인 스튜디오 [서 - 랍] |
| 출판등록번호 | 제313-2010-208호 |
| 주소 | 서울시 마포구 토정로 222 한국출판콘텐츠센터 318호 |
| 대표전화 | 02-326-5913 |
| 팩스 | 02-326-5917 |
| 이메일 | hangseongb@naver.com |
| 홈페이지 | www.planetb.co.kr |

ISBN 979-11-6471-093-5 03180

※ 값은 뒤표지에 있습니다. 잘못 만들어진 책은 구입하신 서점에서 교환해 드립니다.
※ 이 도서의 국립중앙도서관 출판예정도서목록(CIP)은 서지정보유통지원시스템 홈
  페이지(http://seoji.nl.go.kr)와 국가자료공동목록시스템(http://www.nl.go.kr/kolisnet)
  에서 이용하실 수 있습니다.(CIP제어번호: CIP2020000830)

행성B는 독자 여러분의 참신한 기획 아이디어와 독창적인 원고를 기다리고 있습니다.
hangseongb@naver.com으로 보내 주시면 소중하게 검토하겠습니다.